Curso Intermissivo

Você se preparou para
os desafios da vida humana?

Tathiana Mota

CURSO INTERMISSIVO

Você se preparou para
os desafios da vida humana?

2ª Edição

Foz do Iguaçu, PR – Brasil

2019

1ª Edição – Tiragem regular de 1.000 exemplares.
2ª Edição – Tiragem regular de 1.000 exemplares.

Revisão de Conteúdo: Cesar Machado e Laura Bruna Araújo.
Revisão da Língua Portuguesa: Regina Camarano.
Revisão Final: Tiago Ornellas e Tony Musskopf.
Diagramação: Epígrafe Editorial.
Capa: Ernani Brito.
Impressão: Edelbra Editora e Gráfica Ltda.

Dados Internacionais de Catalogação na Publicação (CIP)

M917c Mota, Tathiana

Curso Intermissivo : você se preparou para os desafios da vida humana? / Tathiana Mota; [prefácio de Ana Luiza Rezende]. -- 2ª Ed. -- Foz do Iguaçu : Editares, 2019.

200 p.

Inclui bibliografia.
ISBN 978-85-8477-095-3

1. Conscienciologia. 2. Curso Intermissivo. 3. Intermissivista. 4. Intermissiologia. I. Título.

CDU 133

Tatiana Lopes CRB 9/1524

Associação Internacional Editares
Av. Felipe Wandscheer, 6.200, sala 107, Cognópolis
Foz do Iguaçu, PR – Brasil – CEP: 85856-530
Tel/Fax: 45 2102 1407
E-mail: vendas@editares.org
Website: www.editares.org.br

Aos meus colegas.

Agradecimentos

À Tereza Célia Mota Cruz e Francisco das Chagas Ribeiro Cruz, amados pais, pelo *profundo respeito* às minhas decisões de vida e pelo *apoio incondicional* aos meus projetos pessoais.

Ao professor Waldo Vieira, propositor da teoria dos Cursos Intermissivos, cuja *força presencial mentalsomática* me conduziu às lembranças das lições intermissivas.

À querida preceptora Ana Luiza Rezende, pelo *acolhimento* sorridente, *orientação* traforista e *encaminhamento* assertivo ao universo da Parapedagogia logo após nos (re)encontrarmos, plantando a semente que resultou nesta obra.

Aos amigos que, generosamente, dedicaram seu tempo para revisar os originais deste livro, especialmente: Cesar Machado, Eduardo Morelli, Laura Bruna Araújo, Regina Camarano e Tiago Ornellas. À Roseli Oliveira, pelo trabalho detalhista de revisão da bibliografia. Ao Ernani Brito e Rosemary Salles, pelo profissionalismo na diagramação da obra e confecção da capa.

Ao IIPC – Instituto Internacional de Projeciologia e Conscienciologia, e à REAPRENDENTIA – Associação Internacional de Parapedagogia e Reeducação Consciencial, verdadeiras *escolas parapedagógicas,* por me oportunizarem aprender e ensinar através do voluntariado tarístico. Aos voluntários-autores da UNIESCON – União Internacional de Escritores da Conscienciologia, que sustentaram o *campo fértil* à produção intelectual, mês a mês, nas atividades do curso *Imersão na Escrita.*

A publicação desta obra não seria possível sem o valioso apoio editorial da Associação Internacional Editares. A todos os seus voluntários, meus sinceros agradecimentos.

Ao Tony Musskopf, companheiro e melhor amigo, arrimo afetivo, pelo carinho, paciência e amparo *au grand complet* durante todo o processo de escrita.

Por fim, aos meus dedicados professores do Curso Intermissivo, por sempre *valorizarem o melhor de mim.* Onde quer que estejam, recebam as melhores energias e minha eterna gratidão.

Sumário

PREFÁCIO

Exemplarismo Parapedagógico

Tema. Docente voluntária-itinerante-internacional e inversora veterana, a professora Tathiana Mota presenteia-nos com a publicação de obra conscienciológica ímpar, de sua autoria, sobre um dos temas mais avançados e transcendentes no âmbito verponológico da Conscienciologia, o Curso Intermissivo.

Marco. Admitir teaticamente, no próprio microuniverso consciencial, o parafato de ter estudado antes de ressomar, preparando técnica e evolutivamente a proéxis em andamento, constitui marco ideativo ímpar, autodefinidor do modo de desenvolvimento da atual vida humana do(a) intermissivista atilado(a).

Interassistencialidade. Ao escolher pesquisar, escrever e publicar sobre o detalhamento das variáveis envolvidas e o aprofundamento autoavaliativo necessário quanto à consecução do Curso Intermissivo, a professora Tathiana Mota, parapsíquica experiente e sensível à atuação dos amparadores extrafísicos, demonstra indubitavelmente sofisticado senso interassistencial.

Liderança. Lembrar-se do próprio Curso Intermissivo é paradever do(a) intermissivista responsável; auxiliar os colegas evolutivos a recordarem-se dos próprios Cursos Intermissivos é tarefa de nível maior de complexidade parapedagógica e denotadora de liderança interassistencial mais avançada.

Estilo. Por meio de estilo grafopensênico claro, direto e didático, escolhendo cuidadosamente os vocábulos empregados para a melhor e mais precisa expressão das ideias comunicadas, a autora manifesta elaboração e fluência ideativas refinadas. O vocabulário utilizado na obra é rico, agradável e estimulante à pesquisa e à ampliação da autocognição evolutiva.

Teática. Chamam a atenção, na leitura da obra, a fluidez textual e os encadeamentos verponológicos aplicados, explicitadores da teática da autora quanto à vivência dos conceitos inovadores propostos pela Conscienciologia.

Parapsicoteca. A professora Tathiana Mota, parapedagoga competente, utiliza metodologia *grafopensenodidática* inspirada na parametodologia dos Cursos Intermissivos – *parapsicotecas* – ao contextualizar, em cada capítulo, os conceitos debatidos, apresentar argumentação lógica utilíssima e encerrar o debate com o leitor por meio de teste autoconscienciométrico objetivo, facultando as conclusões pessoais do interessado, quanto ao parafato de ter ou não realizado Curso Intermissivo pré-ressomático.

Autoposicionamentos. A obra *Curso Intermissivo: Você se preparou para os desafios da vida humana?* apresenta claramente os autoposicionamentos evolutivos da autora quanto à vida multidimensional diuturna e à evolutividade, a partir de suas experiências vivenciais, instigando, a todo instante, a autorreflexão e o autodiscernimento prioritários.

Recins. Por isso, este manual técnico, embora esclareça com maestria o público de primeira viagem, constitui obra de aprofundamento experiencial, desencadeadora de recins profundas para o autoinvestigador atento.

Elder. Somente quem domina de fato, na vida humana, os desafios proexológicos transcendentes propostos na intermissão – *elder* evolutivo – é capaz de otimizar didaticamente a forma escrita, sem perda de neoconteúdos complexos.

Exemplo. Para mim, é motivo de imensa satisfação, admiração e gratificação íntima presenciar o êxito consciencial e autoral de amiga evolutiva tão querida, de longa data seriexológica, que sempre honrou e honra, com hombridade, exemplarismo e determinação, *levando de eito,* em alto nível, megadesafios evolutivos da maxiproéxis, por meio da invéxis exitosa, duplismo evolutivo, docência conscienciológica itinerante, tenepes diuturna, vida profissional edificante e voluntariado conscienciológico de ponta.

Ana Luiza Rezende

Foz do Iguaçu, 24 de setembro de 2015.

INTRODUÇÃO

Onde você estava
dois anos antes de nascer?

Quando investimos em um novo empreendimento, precisamos elaborar um planejamento e nos capacitar ao máximo para alcançar os objetivos. Por que não fazermos o mesmo com a vida humana?

Esta pesquisa parte do pressuposto de a atual existência ter um sentido ou significado. Não vivemos com nossa família ou em determinado local à toa. Tampouco, desempenhamos certa profissão e estamos expostos às influências culturais desta época por simples obra do acaso.

Em certos casos, antes de nascer, escolhemos nossos pais, irmãos, ambientes, situações e experiências a serem vivenciadas. Nos capacitamos para aumentar a probabilidade de sucesso nos projetos de vida. Estudamos sobre nós mesmos, buscando criar meios de utilizar nossos megatalentos para a superação dos desafios futuros. Isto ocorre nos *Cursos Intermissivos.*

Muito se fala sobre vida *após* a vida. Porém, pouco se fala sobre a vida *antes* da vida. A motivação para escrever sobre o tema *Curso Intermissivo* nasceu das dúvidas e autorreflexões sobre onde esta autora estava, como pensava e o que fazia *antes* do renascimento na atual vida humana.

Tais questionamentos presentes, de modo incipiente, ainda na infância, tornaram-se *tema de pesquisa vitalício* a partir de 1993, com o acesso às ideias de ponta da ciência Conscienciologia. Pouco depois houve o lançamento do tratado *700 Experimentos da Conscienciologia,* de Waldo Vieira, primeira publicação no Planeta com a proposição da *Teoria dos Cursos Intermissivos.*

A Conscienciologia estuda a personalidade ou a individualidade como um todo, além do cérebro, do corpo físico e da dimensão material.

As pesquisas sobre os Cursos Intermissivos são possíveis através da Conscienciologia devido ao modelo de investigação denominado *Paradigma Consciencial,* cujos alicerces envolvem as bioenergias, as múltiplas dimensões, as existências humanas e *extra*físicas, e os diferentes corpos utilizados pela consciência para se manifestar. O objeto de pesquisa da Conscienciologia é a *consciência,* ou seja, cada um de nós.

A **consciência** sou eu, é você e todo princípio inteligente do Universo.

Como toda disciplina científica, a Conscienciologia também possui estruturação técnica, e seus achados pesquisísticos são anatomizados com neologismos. São necessários novos termos para explicar ideias originais. O arcabouço de palavras para definir novos conceitos, cunhadas pelos conscienciólogos pesquisadores, já ultrapassa 14.000 termos (Vieira, 2014, p. 9).

Dentro do possível, esta autora dedicou-se a traduzir os termos técnicos em vocábulos e expressões acessíveis ao leitor iniciante. Quando o uso de neologismos tornou-se imprescindível, sua definição foi disposta ao longo do texto ou destacada em achegas didáticas anexas para auxiliar na compreensão do tema.

Importa enfatizar que esta é uma obra fundamentada na *tares – tarefa do esclarecimento –*, e não mero livro de autoajuda. Busca-se, através da linguagem acessível, fomentar autorreflexões críticas quanto à *real*idade da consciência intrafísica e sua função nesta vida.

O objetivo desta obra é oferecer uma *transposição didática* dos estudos científicos da Conscienciologia sobre os Cursos Intermissivos para quem ainda não teve a oportunidade de estudar as proposições libertárias do paradigma consciencial. A intenção é ajudá-lo a responder à questão: *você foi aluno ou aluna de Curso Intermissivo?*

Intermissivista é quem fez ou faz Curso Intermissivo.

A composição sintética deste manual conscienciológico tem como propósito funcionar cosmoeticamente ao modo de *isca* para *instigar* o leitor ao autoquestionamento franco acerca da possível participação em Curso Intermissivo antes da atual existência.

Em termos de estrutura, este livro está fundamentado no *Teste do Intermissivista* intitulado *Vivências do seu Curso Intermissivo* (Vieira, 1994, p. 604). Cada um dos 10 traf*o*res apresentados nas perguntas do teste inspiraram a organização da obra.

Trafor, ou *traço-força*, é a qualidade positiva ou talento que impulsiona a evolução da consciência.

A primeira seção apresenta uma visão geral sobre os Cursos Intermissivos, visando esclarecer as variáveis-chave quanto às *características parapedagógicas* destes cursos preparatórios para a vida humana. *O que é Curso Intermissivo, como foram criados, quem participa* e *o que é ensinado,* dentre outras, são questões contempladas neste segmento.

Os 10 capítulos seguintes fazem uma *análise paradidática* de cada questão do Teste do Intermissivista. Seu objetivo é fornecer subsídios para auxiliar o leitor ou leitora no estudo das perguntas e no posicionamento frente aos *princípios evolutivos* ali presentes, a partir do exemplário pessoal. No final de cada capítulo você encontrará questões complementares para autorreflexão.

As fontes de pesquisa utilizadas na redação desta obra foram as publicações conscienciológicas de diversos autores. Além disso, a experiência de 12 anos na condição de voluntária-docente do curso *ECP1 – Extensão em Conscienciologia e Projeciologia 1,* possibilitou a esta autora a colheita de exemplos valiosos de autopesquisas e heteropesquisas.

Autopesquisa é a investigação realizada em nós mesmos, cujo resultado prático é a autocognição.

Em Conscienciologia, a fonte primária de investigação é o próprio pesquisador ou pesquisadora. Por isso, as casuísticas pessoais e as experiências parapsíquicas desta autora-cobaia fornecem, nas *entrelinhas,* o *recheio vivencial* didático do texto.

O paradigma consciencial está presente em cada página do livro. Assim, você poderá adquirir uma *visão panorâmica* das abordagens conscienciológicas.

A leitura profícua gera reflexões e crises sadias de crescimento. No decorrer dos estudos de cada capítulo, você naturalmente será convidado a refletir sobre as próprias experiências, culminando na autolocalização realista frente aos cenários intermissivos.

Independentemente da *nota,* responder ao Teste do Intermissivista é uma atitude de *inteligência evolutiva,* pois possibilita à consciência saber mais sobre si mesma. Ademais, neste teste não há como *colar* ou copiar o resultado. A consciência é única, invulgar, original e inimitável. *As respostas estão dentro de você.*

Inteligência Evolutiva (IE) é a capacidade de aplicar com discernimento os fundamentos da evolução na vida prática.

Uma preocupação constante da autora na confecção deste livro foi desfazer as crenças de origem religiosa de que o intermissivista seja um indivíduo incauto, escolhido *ao acaso* por alguma "entidade superior", distante e desconhecida, para participar de um curso extrafísico. Na realidade, a condição de intermissivista é conquistada pela proatividade evolutiva. Os convites para admissão nas megaescolas da intermissão se dão a partir do mérito e dos esforços pessoais acumulados ao longo de várias vidas e presentes em sua FEP – Ficha Evolutiva Pessoal.

A **FEP** é o registro historiográfico multimilenar de cada um, ou *curriculum vitae* das biografias de todas as experiências da consciência.

A autora admite ser ex-aluna de Curso Intermissivo após anos de autopesquisa e algumas vivências confirmatórias. Porém, na condição de semperaprendente, assume a necessidade de mais autoexperimentação para compreender aspectos ainda teóricos em suas perquirições. A evolução é incessante. Estamos sempre aprendendo. *Ancora imparo.*

Este livro expressa a síntese das autopesquisas e conclusões iniciais da autora, em seu atual momento evolutivo. Não são *verdades absolutas* ou imutáveis. Por esse motivo, você, leitor ou leitora, está convidado(a) a usar a autocrítica máxima nos estudos da obra.

Ao correr os olhos nestas páginas, utilize o *Princípio da Descrença,* ou seja, *não acredite* nas palavras, conceitos e ideias contidos aqui. Veja se há lógica e, principalmente, aprofunde as autopesquisas *teórico-práticas* para obter as próprias conclusões.

Determinadas consciências, antes de assumirem o corpo físico, comprometeram-se com os colegas de Curso Intermissivo a realizarem tarefas em conjunto depois do renascimento. Este *pacto pré-ressomático,* autoconsciente e voluntário, vinculou grupos de pessoas a projetos em prol da coletividade.

Ressoma (*re*ativação *soma*tica) é o renascimento em novo soma, ou corpo físico. Assim, pré-ressomático quer dizer *antes de nascer*.

Por isso, este manual também é um *livro-convite* aos intermissivistas para despertarem e colocarem a *mão na massa* dentro da maxiprogramação de vida grupal. A assunção do Curso Intermissivo pessoal e a consecução da programação existencial ajustam a consciência ao fluxo evolutivo, resultando em profundo bem-estar e automotivação.

Não é por acaso que vivemos esta vida. *Não* é por acaso que este livro está em *suas* mãos. Isto posto, envio meus votos sinceros para que você, leitor ou leitora, possa haurir *proveitos evolutivos* a partir das ideias apresentadas nesta singela *cartilha conscienciológica.*

A Autora
tathiana@email.com

I. Curso Intermissivo

Os Cursos Intermissivos foram criados para potencializar a evolução das consciências através de programas de pesquisa e treinamento extrafísicos. Nesta seção serão apresentados temas gerais didaticamente organizados através de perguntas e respostas, para que o leitor ou a leitora possa adquirir uma visão de conjunto quanto aos Cursos Intermissivos.

O que é Curso Intermissivo?

O *Curso Intermissivo* é um modelo educacional avançado composto por disciplinas das mais diferentes áreas, organizadas didaticamente de acordo com a demanda discente, com o objetivo de esclarecer sobre a realidade multidimensional da consciência e aplicar ferramentas para aceleração evolutiva, visando à preparação para a próxima vida humana, ministrados no *período da intermissão.*

O que é intermissão?

A *intermissão* ou *período intermissivo* é o intervalo de tempo entre a última e a futura vida humana de uma consciência, ou seja, é o período no qual a personalidade está vivendo nas dimensões *extra*físicas e atuando *sem o corpo físico.*

A consciência na condição humana vive um período *intra*físico enquanto *conscin* (*cons*ciência *in*trafísica) e, após o descarte do corpo físico na morte biológica, passa a viver na intermissão enquanto *consciex* (*consci*ência *ex*trafísica).

Etimologicamente, o termo *intermissivo* tem sua origem em *intermissão* (inter + missão). O prefixo *inter* provém do idioma Latim, *inter,* "no interior de 2; entre; no espaço de". A palavra *missão* procede também do idioma Latim, *missio, missionis,* "ação de enviar; remessa; missão", de *missum*, supino de *mittere,* "mover; mandar; deixar ir; partir; soltar; largar; lançar; atirar" (Vieira, 2013, p. 3.788). Em outras palavras, é o período *entre-vidas,* entre uma missão e outra.

A palavra *missão* expressa a ideia de a existência humana envolver um conjunto de empreendimentos a serem realizados, chamado em Conscienciologia de *proéxis.*

Proéxis é a *pro*gramação *ex*istencial, o projeto de vida com bases evolutivas planejado antes de nascer e realizado na atual existência humana.

Desse modo, o Curso Intermissivo não ocorre na dimensão humana, e sim, em educandários *extra*físicos, e busca preparar o intermissivista para o desfrute *produtivo* da vida e a implementação de projetos pessoais e grupais, em prol da *evolução* coletiva.

Quem é o intermissivista?

Dessoma é a *des*ativação *soma*tica, ou o descarte inevitável do corpo físico após a morte biológica.

O *intermissivista* é a consciência que, após a *dessoma,* torna-se aluna dos Cursos Intermissivos.

O termo *intermissivista* geralmente é atribuído à consciência extrafísica que *está* cursando as disciplinas dos Cursos Intermissivos. Porém, também pode ser designado à consciência intrafísica que *esteve* em tais cursos antes do renascimento e hoje está aqui, na vida humana. Assim, os intermissivistas podem ser tanto alunos (atuais consciexes) quanto ex-alunos (atuais conscins) dos Cursos Intermissivos.

Onde e como ocorrem os Cursos Intermissivos?

Ao ser admitida para o Curso Intermissivo, a consciex passa a frequentar uma comunidade extrafísica educacional, ao modo de *campus* universitário, porém com recursos pedagógicos extremamente sofisticados.

Ao longo da história, há relatos de conscins cujas experiências fora do corpo humano podem demonstrar a existência de tais ambientes extrafísicos de educação. Elas descrevem esses locais como estabelecimentos educativos avançados, compostos por classes, laboratórios, bibliotecas, ambientes de debate e estruturas multidisciplinares com alta tecnologia extrafísica para atender às milhares de consciexes-alunas residentes.

Nossa consciência pode se **projetar** para fora do corpo humano e visitar as dimensões extrafísicas.

A atmosfera geral é altamente positiva e o processo contínuo de estudo e aprendizagem torna-se irresistível aos cursistas.

Os professores dos Cursos Intermissivos, em geral, são consciências amparadoras em patamar evolutivo mais avançado que a média, bem-sucedidas na consecução das próprias programações existenciais em múltiplas existências. Eles desempenham a função de *parapreceptores*, compartilhando experiências para auxiliar o intermissivista a compreender-se de modo mais abrangente.

Amparador é a consciex assistencial a uma ou mais conscins nas tarefas da proéxis.

Segundo Vieira (2007, p. 945), as consciências com alto grau de inteligência chamadas Serenonas *(Homo sapiens serenissimus)* são as superintendentes dos Cursos Intermissivos.

Em termos filosóficos, os Cursos Intermissivos são a *escola de anti-inculcação franca:* antidogmática, libertária, laica, defensora da liberdade de expressão, do universalismo e da experimentação em vez da crença.

Isso acontece pelo respeito profundo ao livre-arbítrio das consciências. Os educadores intermissivos não *fazem a cabeça* de ninguém. Não utilizam quaisquer meios de imposição de doutrinas, pois o objetivo é exatamente o oposto: *extrapolar* os modos de pensamento e ação estratificados, para trazer, pelos debates democráticos, *conflitos cognitivos sadios* para novas constatações sobre o processo evolutivo. Há, na realidade, uma união de esforços em favor da invulgaridade pessoal e da inovação a partir do livre pensar e da *ciência da Descrença*.

O ***Princípio da Descrença*** substitui a crença pelo conhecimento advindo da autoexperimentação direta.

Quem participa dos Cursos Intermissivos?

Por hipótese, há uma linha lógica de transição da consciência *intrafísica* (ser humano) para a condição *extrafísica* de aluno de Curso Intermissivo.

A morte biológica representa um choque natural para a consciência com o descarte do corpo humano. A mudança de dimensão, a quebra das rotinas físicas e mentais sedimentadas há anos e os vínculos afetivos com objetos, lugares e outras consciências geralmente dificultam a manutenção do nível de lucidez adequado da recém-consciex.

Por esse motivo, as comunidades extrafísicas terapêuticas são destinos para muitas consciexes em convalescença devido ao choque da desativação do corpo humano.

O prefixo ***para,*** do Grego *"além de"*, é usado para designar algo oriundo da dimensão extrafísica. Por exemplo, *para-hospitais* são hospitais extrafísicos.

Equipes multidisciplinares de consciências extrafísicas amparadoras oferecem tratamentos específicos em para-hospitais e clínicas de recuperação, de acordo com a necessidade dos assistidos, utilizando paratécnicas terapêuticas avançadas.

A finalização desse contexto de refazimento depende da capacidade pessoal em desprender-se da vivência intrafísica recém-finda e aceitar as conjunturas além da matéria.

No decorrer do tratamento, a personalidade agora extrafísica, quando predisposta, vai inteirando-se aos poucos de seu novo momento, aceitando a sua realidade e descartando os resquícios de energia vital vinculada ao antigo corpo físico. Este processo de liberação das energias remanescentes é chamado de *segunda dessoma.*

A ***primeira dessoma*** é o descarte do corpo físico. A *segunda,* o descarte das bioenergias residuais que mantinham o corpo físico vitalizado.

Pode-se afirmar que a segunda dessoma é requisito básico para o ingresso ao Curso Intermissivo. Esse fenômeno é o primeiro passo para a consciex recobrar a lucidez e assumir sua adultidade extrafísica, sem os condicionamentos naturais à fisiologia humana e aos instintos do corpo físico. Há consciências extrafísicas estagnadas há milênios por não admitirem a *multidimensionalidade.*

Multidimensionalidade é a condição inerente a toda consciência de manifestar-se nas dimensões física e extrafísicas.

A autocoerência, os *princípios cosmoéticos* e o senso assistencial em desenvolvimento presentes no *curriculum vitae,* mesmo sendo rudimentares, já demonstram esforço evolutivo. Esses são o *bê-á-bá* que conferem mérito liliputiano, porém indiscutível, para admissão nesses cursos extrafísicos pela primeira vez.

Cosmoética é a moral cósmica e multidimensional, além da moral humana, expressando a essência da maturidade integral da consciência.

A predisposição lúcida para a compreensão da realidade multidimensional, a vontade de reciclar vícios antigos e o interesse em planejar os próximos passos evolutivos são fatores determinantes para o ingresso ao Curso Intermissivo.

***Qualquer consciência com determinado nível de discernimento, cosmoética e mérito pessoal poderá, se quiser, candidatar-se enquanto** cursista da intermissão.*

Há um momento decisivo na jornada consciencial. É quando o indivíduo escolhe evoluir e não mais ficar estagnado. Esse instante pode mudar o destino da consciência para sempre, dando o *start* para a aceleração da história pessoal. O Curso Intermissivo é o prelúdio para a inserção *lúcida* nessa dinâmica evolutiva.

Do ponto de vista sócio-histórico, o perfil das consciências candidatas aos Cursos Intermissivos indica percentual de genialidade em vidas anteriores nas diversas áreas do conhecimento humano, dentro da Ciência (pesquisa, escrita, enciclopedismo), Filosofia (teorias, moral e ética), liderança (política, empreendedorismo), parapsiquismo (alquimia, xamanismo, iniciações e religiões), heurística (descobertas, invenções, a criatividade, a *heureca*) e a assistencialidade em geral, nas mais variadas épocas e culturas.

Isto demonstra que os candidatos e candidatas aprovados para os Cursos Intermissivos possuem saldo positivo em sua Ficha Evolutiva Pessoal e, devido às próprias conquistas, possuem aptidão para assumir novos desafios.

O que o intermissivista estuda nos Cursos Intermissivos?

Ao se preparar para a próxima existência, a consciex define, em conjunto com seus orientadores evolutivos, quais conteúdos necessita aprender. O principal objetivo é chegar à vida humana com melhores condições de realização da programação existencial. Desse modo, o programa de estudos é personalizado.

Porém, como hipótese racional de investigação, há duas principais fases de estudo desse *programa de paraensino especializado,* propostas a seguir:

Fase 1.
Passado-Presente: autopesquisa da holobiografia pessoal.

A **holobiografia** é o currículo multiexistencial da consciência, levando em conta toda a sua história evolutiva.

Nesta fase, as *cadeiras iniciais* relacionam-se à intraconsciencialidade ou a realidade íntima. O mergulho no microuniverso consciencial ocorre com a ajuda de parapreceptores especializados. A consciex identifica seus talentos, potencialidades, embaraços, fissuras, lacunas, conquistas e omissões, resultando no saldo da sua *FEP – Ficha Evolutiva Pessoal.*

Esta parametodologia abarca níveis de aprofundamento. Dependendo do fôlego e da disposição da consciex, memórias antigas de diversos momentos e multiegos são acionadas, descortinando experiências boas e ruins, positivas e traumáticas.

A ideia é tornar a ex-consciência intrafísica uma *Ph.D em si mesma,* do ponto de vista multidimensional, multiexistencial e holobiográfico.

Nessa fase, os processos de introspecção auxiliarão a consciência motivada a reconhecer suas conquistas marcantes e seus fracassos absolutos, para implementar, em seu arcabouço consciencial, as renovações necessárias para mudar de patamar evolutivo.

Em seu Dicionário de Argumentos da Conscienciologia, Vieira (2014, p. 880) afirma que "a primeira aula do Curso Intermissivo (CI) pré-ressomático, em geral, se assenta na Cosmoética Destrutiva ou na desaprendizagem, ou seja, no estímulo à desativação das posturas seculares erradas por parte da consciex perante os meandros da evolução consciencial e ainda ignorados ou teimosamente negligenciados".

O despojamento e a vontade de melhorar fazem com que o intermissivista deixe os melindres de lado e priorize o autoenfrentamento. Os intermissivistas mais maduros dedicam-se à organização sistemática de um inventário de seu passado multimilenar, levando em consideração o microuniverso consciencial e as relações com os grupos de convívio.

A *Parapsicoteca* é uma ferramenta paratecnológica *extra*ordinária disponível aos intermissivistas dedicados à tarefa do autoconhecimento. Pode-se defini-la como uma *paracâmara de reflexão,* na qual o indivíduo tem acesso aos *arquivos vivos,* multimilenares, de todas as suas existências humanas e extrafísicas.

Nessa megabiblioteca autobiográfica com inúmeras seções, as fontes de consulta – experiências e vivências retrocognitivas – são projetadas na tela mental da consciência extrafísica.

A **retrocognição** é o ato de acessar fatos, experiências e vivências passadas, registrados na holomemória.

Hipoteticamente, ao acionar a Parapsicoteca, a consciência pode, por exemplo, visualizar uma nuvem esbranquiçada em sua frente tomando a forma de uma tela *high-tech.* Com o tempo, esta tela é ampliada e funde-se com a própria memória. Assim, ela passa a reviver as cenas plasmadas como se estivesse vivenciando um filme de suas próprias vidas anteriores. Muito além de uma projeção em *3D,* a consciência *sente na pele* as experiências passadas, pois a protagonista do filme é ela própria.

A partir daí ocorre o descortino de fatos, situações, pessoas e o resultado das inter-relações conscienciais. Os detalhes sutis das vidas pretéritas em séculos, países e culturas remotas são apresentados. O acervo dessas reminiscências não é uma cópia desgastada pelo tempo, mas sim fruto de vivências *originais,* com detalhes fidedignos e inquestionáveis sobre os êxitos e insucessos daquela consciência.

As *charadas multimilenares* passam a ser decifradas, e a compreensão profunda das reais intenções, aspirações, tendências, reações e comportamentos ampliam o discernimento cosmoético da personalidade. *É a consciência, em seus solilóquios, quem tece as conclusões a seu respeito.*

Tão importante quanto os gargalos pessoais, a descoberta e assunção de *talentos* e *genialidades* latentes, ignoradas pela consciência, são de vital importância devido à aquisição da autoconfiança necessária para os desafios futuros.

Quando os fatos passados demonstram o uso de traços-força nas múltiplas existências, ocorre a diminuição das autoculpas e autofrustrações frente às omissões e erros cometidos, motivando a consciência para os projetos vindouros.

A visita a este *pavilhão retrocognitivo* possibilita a matematização do *núcleo* das manifestações formadoras do caráter e da *raiz* do seu temperamento.

A Parapsicoteca amplia a cosmovisão *holobiográfica* da personalidade pelo confronto entre a realidade e as fantasias mentais acerca das manifestações pessoais. Com dados confiáveis, a consciência poderá planejar a próxima existência eficientemente.

Outra modalidade didática relevante são as *dinâmicas de autoexposição grupal,* nas quais o indivíduo apresenta os achados autopesquisísticos aos pares, colegas de curso, tornando-se uma cobaia de investigação e aprendizado.

O convívio social, nesse caso *para*ssocial, possui grande força catalisadora, pois os *feedbacks* pontuais e o suporte acolhedor das amizades evolutivas promovem senso de pertencimento ímpar, vincando na memória o bem-estar natural à convivência autêntica com o *grupo evolutivo*. Na futura vida humana, esse *imprinting intermissivo* possibilitará *reencontros de destino* dentro das programações existenciais grupais.

FASE 2.
PRESENTE-FUTURO: PLANEJAMENTO DA PROGRAMAÇÃO EXISTENCIAL

Na *segunda fase,* as *cadeiras de especialização* oferecem subsídios para a consciência utilizar produtivamente os dados colhidos na autoinvestigação, com o objetivo de elaborar um planejamento técnico e detalhado de sua próxima existência.

A *proéxis,* ou programação existencial da próxima vida, é delineada levando em consideração os fatores da existência vindoura, tal qual a família nuclear, o ambiente intrafísico, a profissão, a formação de parceiros afetivo-sexuais, a aglutinação de grupos evolutivos e os desafios a serem superados.

Apesar de cada proéxis ser pessoal e única, todas abrangem a condição da assistencialidade e da cosmoética; do respeito ao nível evolutivo das consciências e da eliminação do *egão. Inexistem proéxis egocêntricas.*

Existe um currículo de ensino nos Cursos Intermissivos?

Os temas das aulas dos Cursos Intermissivos variam de acordo com o gabarito evolutivo e os projetos existenciais de cada discente. A partir do estudo da bibliografia específica deste assunto, a autora propõe a hipótese de que o *Currículo Parapedagógico* dos Cursos Intermissivos seja estruturado em 5 *eixos temáticos* enumerados a seguir:

1. Multidimensionalidade

O *primeiro* eixo temático diz respeito às múltiplas dimensões. O aluno estuda as especificidades das múltiplas dimensões de manifestação consciencial.

Além das quatro dimensões conhecidas (altura, largura, profundidade e tempo), as experiências extrafísicas confirmam a existência de *gradientes dimensionais.* As dimensões são *estados conscienciais,* ou seja, nos manifestamos em determinada dimensão extrafísica de acordo com nosso modo de pensar e agir.

Os tipos de corpos utilizados pela consciência nas múltiplas dimensões também são objetos de estudo nos Cursos Intermissivos. Em aulas práticas, os alunos aprendem sobre a parafisiologia do *psicossoma* – o corpo de manifestação sutil utilizado nas dimensões não humanas.

O **psicossoma** (do Grego *psyckhé,* alma; *soma,* corpo) é popularmente conhecido por espírito ou corpo astral. Uma de suas capacidades é a de volitar ou voar.

A prática da *volitação extrafísica,* por exemplo, é uma dessas disciplinas. Há *grupos volitativos* orientados por amparadores experientes, que acompanham os alunos em viagens de pesquisa a outras comunidades extrafísicas de diferentes níveis evolutivos.

Quando lúcida, a consciex utiliza a **volitação** naturalmente. A conscin projetada para fora do corpo também pode desenvolver esta capacidade.

A *seriéxis – serialidade existencial* – é um dos primeiros temas a serem estudados nos cursos introdutórios, e consiste no processo de revezamento pessoal nos períodos de vidas intrafísicas ocorridas após a intermissão (extrafisicalidade). Desse modo, existe um ciclo contínuo de nascimentos humanos somados aos períodos *post mortem.*

ASSUMIR PARA SI A REALIDADE DAS SERIÉXIS DESENCADEIA MUDANÇA DE PARADIGMA PESSOAL, FACULTANDO A ACEITAÇÃO SERENA DAS AUTORRESPONSABILIDADES INTRANSFERÍVEIS NA VIDA.

2. Intrafisicologia

O *segundo* eixo temático diz respeito à preparação para a *vida humana futura.* Esta cadeira fornece subsídios para o estudante compreender profundamente a futura genética e o meio no qual estará inserido. O tipo de corpo, o desenvolvimento cerebral, o gênero, a etnia, os aportes, as restrições genéticas, as prováveis doenças e possíveis superdotações são alguns dos tópicos pesquisados.

A **Mesologia** estuda as relações e a Influência do meio sobre a consciência.

Quanto à *Mesologia,* as características do país em que renascerá, sua cultura, povo, costumes, regionalismos, idiotismos culturais e pressões energéticas naturais ao local são esquadrinhados.

Em conjunto, técnicas para sobrepairamento das condições desfavoráveis são estudadas e repassadas exaustivamente, com o propósito de capacitar o indivíduo para não sucumbir às pressões antagônicas às metas pessoais, repetindo os *feitos desacertados* do passado.

Ciente de toda a sua capacidade *para*cerebral e livre das influências de um *corpo de bicho,* a consciência extrafísica lúcida preocupa-se em aprender paratécnicas para alcançar uma produtividade existencial depois do renascimento.

A consciex prepara-se adequadamente para habilitar-se à conquista da maturidade consciencial *o mais cedo possível,* após renascer. Para isso, os Cursos Intermissivos oferecem as cadeiras relacionadas ao *Desenvolvimento do Parapsiquismo* na vida humana.

A rigor, o parapsiquismo ou as competências extrassensoriais promovem a *amarração de pontas* entre o cérebro físico, restringido, e o paracérebro, ou cérebro extrafísico da consciência, localizado no psicossoma.

Além disso, proporciona ao sujeito o acesso às dimensões extrafísicas, oportunizando a recuperação da lucidez perdida no renascimento. O parapsiquismo funciona ao modo de *parainstinto de sobrevivência ao restringimento intrafísico.*

O estudo do parapsiquismo humano abarca disciplinas sobre História do Parapsiquismo, Relações entre os Corpos da Consciência, Projetabilidade Lúcida, Desrepressão Parapsíquica, Técnicas de Desenvolvimento Parapsíquico, Otimizações para a Comunicação com o Amparador, Assistência pelo Parapsiquismo, dentre outras.

O parapsiquismo permite à conscin interagir com múltiplas dimensões. Assim, é chave-mestra para o acesso às memórias do Curso Intermissivo.

3. Técnicas Evolutivas

O *terceiro* eixo temático abrange as *Técnicas Evolutivas.* Tais cadeiras serão úteis para a futura consciência humana devido à potencialização dos resultados nos empreendimentos conscienciais.

Toda técnica é o *how-to,* ou o modo otimizado de realizar alguma tarefa. Na proéxis, as técnicas funcionam ao modo de alavancas potencializadoras da evolução pessoal, trazendo maior rendimento e aproveitamento do tempo.

A **invéxis** é técnica dinamizadora máxima da existência. Há uma inversão de valores da vida, com a aplicação da maturidade nas decisões desde a infância e adolescência.

As técnicas aprofundadas nas salas de para-aula envolvem disciplinas de *Energossomatologia* (domínio das energias), *Conscienciometria* (matematização dos traços e medição dos atributos conscienciais), *Invexologia* (aceleração evolutiva desde a juventude pela aplicação da técnica da invéxis – *inv*ersão *exis*tencial), *Duplologia* (formação de relação afetivo-sexual pró-evolutiva através da dupla evolutiva), *Conscienciоterapia* (autopesquisa e autocura), *Paradiplomacia* (convivialidade sadia, infiltrações assistenciais em diferentes grupos), dentre outras.

Na **dupla evolutiva** o casal busca, além do relacionamento sadio, investir na interassistência e nas reciclagens conjuntas para contribuir com a coletividade.

4. Teaticologia

O *quarto* eixo temático está relacionado à especialidade que estuda a *teática* (*te*oria + pr*ática*). De fato, tais disciplinas são voltadas à experimentação e vivências extrafísicas ao modo de *estágios supervisionados.* Os estudantes passam por experiências das mais diversas, acompanhados por orientadores especializados.

Ao chegar à condição de *trainee intermissivista,* a consciex já vivenciou longo processo de capacitação, viabilizando a participação em projetos e programas paracientíficos diversos na condição de aprendiz.

Tais experiências empíricas culminarão em um *upgrade cosmovisiológico* para maior profissionalização das iniciativas da programação existencial.

Os treinamentos podem ocorrer em diferentes *Campi* de pesquisa com paratecnologia especializada, de modo a esclarecer, inspirar, instigar, motivar e abrir caminhos mentais para a criação de novos *inputs* evolutivos.

Paratecnologia é o conjunto de técnicas, recursos tecnológicos, aparelhos e instrumentos extrafísicos diversos.

Em uma existência futura, isso resultará na concepção de ideias originais e projetos arrojados por parte do intermissivista.

Na vida humana, por exemplo, podemos observar os treinamentos oferecidos aos cosmonautas pela NASA para que possam experimentar, ainda na Terra, condições similares às missões no espaço. Assim, especialistas constroem simulacros idênticos em piscinas gigantescas com máquinas, equipamentos, ferramentas e toda a parafernália necessária aos treinamentos dos astronautas. É criado um verdadeiro *universo subaquático* para simular a atuação na microgravidade. O trabalho exaustivo de horas diárias dá aos astronautas a confiança e o *know-how* para lidar com quaisquer situações. Quanto maior a preparação, maiores as possibilidades de sucesso.

Guardadas as devidas proporções, o aluno-estagiário do Curso Intermissivo participa de experiências de alta paratecnologia para simular as condições naturais às quais estará futuramente inserido, de modo a experimentar reações, sensações e repercussões da realidade humana em seu microuniverso consciencial dentro de verdadeiras maquetes similares aos ambientes intrafísicos.

As experiências podem ser de natureza *sensorial* (experimentar as sensações de gravidade e da respiração, como se estivesse em um corpo humano), *grupocármica* (ter uma noção preliminar de seu papel frente às novas relações familiares e aos círculos de amizade), *profissional* (lidar com variáveis para a escolha lúcida e consolidação da carreira), *proexológica* (teatralizar momentos-chave da vida, e as decisões de destino a serem tomadas na proéxis) e *egocármica* (trabalhar a repetição profilática de situações-perigo para o completismo da proéxis, analisando as armadilhas das autocorrupções, as ciladas trafarinas e os caprichos naturais às imaturidades ainda não superadas).

5. Interassistenciologia

O *quinto* eixo temático envolve a *Interassistencialidade.* Pela autoinvestigação sistemática e a ampliação da visão de mundo nos estudos intermissivos, a consciência aprofundará a compreensão de temas como o senso de maxifraternidade vivida, a autoabnegação sincera, o emprego real do perdão e a motivação para atuar em prol da coletividade.

O princípio evolutivo de causa e efeito pode estar voltado ao próprio egocentrismo (**egocarma**), aos grupos de convívio (**grupocarma**) ou à condição mais avançada da vivência da megafraternidade quanto ao Cosmos (**policarma**).

A partir daí, os estudos do *Policarma* se desencadeiam. A *Policarmalidade* envolve a vivência do intermissivista levando em consideração seu escopo de ação perante todas as consciências e princípios conscienciais do Cosmos.

O **exemplo policármico** indica o elevado patamar evolutivo da consciência.

A assunção da policarmalidade no cotidiano é um exercício lento, voluntário e diretamente proporcional à saída das trincheiras do próprio umbigo (egocentrismo).

Os estudos avançados da Assistenciologia compreendem a convivialidade assistencial com as consciências intra e extrafísicas *(Conviviologia),* animais *(Zooconviviologia),* plantas *(Fitoconviviologia)* e demais seres. As disciplinas ocorrem em um crescendo assistencial, envolvendo a consciência, o grupo de convívio, a comunidade, a cidade, o país, o continente, o Planeta e o Universo.

As excursões paradidáticas aos ambientes com diversidade de consciências e distintos níveis evolutivos impactam o intermissivista de maneira incontestável. A visita aos *guetos* sombrios e *infernões* extrafísicos é verdadeiro *acid test,* promovendo choque de realidade. Ao ver o oceano de carência dos seres enfermos e comprovar a real miséria consciencial, o intermissivista vacina-se contra a insensibilidade à dor alheia e os caprichos pessoais em defesa do *egão.*

O Curso Intermissivo objetiva vincar ideias de vanguarda no intermissivista, ou seja, as **neoparassinapses**.

Tais disciplinas suscitam a criação de novas parassinapses a serem materializadas em *ações exemplares* do dia a dia, após o renascimento. A assistência altruísta, anônima, sem a busca de retorno ou reconhecimento, ainda é um dos maiores desafios a serem vivenciados pelo intermissivista calouro. *Lamentavelmente, o egão não se extingue da noite para o dia e nem de um século para o outro.*

Para aprender a fazer assistência na prática, a consciex intermissivista dedicada poderá tomar a iniciativa de participar de atividades para auxílio extrafísico em comunidades degradadas ou ambientes com altos níveis de patologia.

A inclusão dessa *atividade extracurricular,* em conjunto com seus estudos intermissivos, muda a sua condição de *ser assistido* para a de *ser assistente* em treinamento. Inicia-se o desenvolvimento da liderança extrafísica.

Como saber se você participou de um Curso Intermissivo?

As experiências extrafísicas do intermissivista estão registradas em sua holomemória, traduzindo-se em princípios pessoais perante a vida.

Holomemória é o conjunto de todas as memórias da consciência, referente aos períodos intra e extrafísicos, que compõem a autobiografia multimilenar.

O principal objetivo deste livro é fornecer dados de autopesquisa para o leitor ou leitora posicionar-se frente ao Curso Intermissivo. Por isso, os próximos capítulos com os temas-chave do *Teste do Intermissivista* serão aprofundados para ajudá-lo em suas reflexões.

Como os Cursos Intermissivos foram "descobertos"?

A senha de acesso ao Curso Intermissivo é o parapsiquismo. As experiências lúcidas fora do corpo possibilitam à conscin intermissivista buscar as informações extrafísicas e alinhar-se aos propósitos evolutivos no cotidiano.

Após a ressoma, é através das parapercepções que a conscin intermissivista poderá *re*descobrir o próprio Curso Intermissivo, recuperando informações a respeito das cláusulas da proéxis pessoal. Não raro, as conscins mais predispostas recebem inspirações de amparadores extrafísicos.

Além disso, mesmo estando na dimensão material, o intermissivista poderá, eventualmente, ser aluno ouvinte e participar de aulas de atualização dos Cursos Intermissivos recentes, projetado fora do corpo físico.

Quando e por que surgiram os Cursos Intermissivos?

Segundo Vieira (2003, p. 244 a 248), a *Era das Reurbanizações Extrafísicas* iniciou-se em nosso Planeta. Uma conjugação de esforços de consciências extrafísicas megainteligentes ocorreu no intuito de implementar, no decorrer dos séculos, novo patamar evolutivo planetário.

A Reurbanização Extrafísica ou *reurbex* é um projeto avançado de engenharia multidimensional, em franca realização na Terra desde o ano de 1100, que envolve a reestruturação de ambientes degradados da paratroposfera terrestre com repercussões positivas nas mesmas regiões intrafísicas.

A **paratroposfera** é uma espécie de *aura da Terra,* formada por inúmeras dimensões habitadas por *bilhões* de consciexes, em sua maioria, enfermas.

As reurbanizações do Planeta vêm criando ambientes propícios para as consciências humanas e extrafísicas promoverem as reurbanizações dos *universos pessoais,* reestruturando o modo de pensar e agir anacrônicos.

Como resultado desta *megafaxina,* as consciexes parapsicóticas presentes nos ambientes extrafísicos deteriorados têm sido remanejadas a outros locais, ou mesmo encaminhadas para uma nova vida humana, com o objetivo de *renovação pensênica* e a quebra do ciclo das repetições seculares de suas manifestações.

Tal investimento extrafísico já vem trazendo resultados. Há consciexes mais predispostas que passaram a vivenciar positivamente o impacto da *reciclagem parageográfica* das reurbexes.

Com o passar dos séculos, elas tomaram a iniciativa de dar os *primeiros passos* em direção à lucidez evolutiva, possibilitando um *rapport* com personalidades amparadoras. Assim, ocorreu o resgate dessas consciências dos ambientes extrafísicos degradados e encaminhamento às comunidades extrafísicas terapêuticas.

Antes da Era dos Cursos Intermissivos, as consciências resgatadas e recuperadas eram encaminhadas para o renascimento a curto ou médio prazo, a fim de dar continuidade ao processo de amadurecimento consciencial na *dimensão respiratória.*

Nas *Tertúlias Conscienciológicas,* o professor Waldo Vieira explanava que, a partir de 1650, consciências extrafísicas superevoluídas iniciaram os pré-ensaios estratégicos para a organização de ambiente educacional com vistas às futuras proéxis.

As **Tertúlias Conscienciológicas** são as reuniões diárias e gratuitas para debate dos verbetes da Enciclopédia da Conscienciologia realizadas no CEAEC, em Foz do Iguaçu, PR, Brasil.

Até este período, personalidades extrafísicas interessadas no autoaperfeiçoamento da vida humana não tinham uma estrutura de ensino e aprendizagem otimizadora de suas reflexões e debates. Elas mesmas elaboravam projetos rudimentares analisando as experiências pessoais.

Ocorriam, também, tutorias extrafísicas esporádicas com orientadores evolutivos, os líderes especialistas em *linha do tempo* evolutiva, relações interconscienciais e planejamento existencial.

Intrafisicamente, as condições planetárias tornaram-se mais favoráveis a partir do Século XVII: a Ciência Moderna já começava a dar frutos, deixando o mundo medieval para trás; a Revolução Industrial trouxe prosperidade e abriu as portas para os avanços tecnológicos; as ciências médicas estavam em franco desenvolvimento – a assepsia, as vacinas e a descoberta da penicilina operavam o *milagre da longevidade.* A vida não estava mais *por um fio.*

Havia, enfim, tempo de vida humana suficiente para viabilizar uma programação existencial. Assim, os Cursos Intermissivos foram sistematizados e institucionalizados.

Calcula-se que tal iniciativa coincida com o fim da II Guerra Mundial, em 1945. Desse período em diante, as ex-consciências humanas mais predispostas voluntariaram-se a ingressar nas séries de aulas dos *paracampi* especializados. Houve uma profissionalização da assistência às futuras personalidades humanas para maior rendimento evolutivo.

Os Cursos Intermissivos são, portanto, produto direto das Reurbanizações Extrafísicas e servem, do mesmo modo, para qualificar novos intermissivistas a cooperarem assistencialmente com as iniciativas das reurbexes.

Em tese, a consciência extrafísica *intermissivista* planifica a sua próxima existência humana durante 12 a 25 anos ou 25 a 30 anos, dependendo das especificidades de cada caso. Tendo os primeiros Cursos Intermissivos ocorrido na segunda metade do Século XX, infere-se que as primeiras turmas de intermissivistas tenham renascido entre as décadas de 1950 e 1970.

Fundamentados no Teste do Intermissivista, os próximos capítulos aprofundarão estes temas para você ampliar a visão de conjunto sobre o Curso Intermissivo e posicionar-se neste cenário evolutivo.

O CURSO INTERMISSIVO É A *CAPACITAÇÃO MAIS AVANÇADA,* ***DISPONÍVEL NA ATUAL ETAPA PLANETÁRIA, PARA AS CONSCIÊNCIAS MAIS PREDISPOSTAS À*** *EVOLUÇÃO CONSCIENCIAL LÚCIDA.*

II. Teste do Intermissivista

O capítulo *Vivências do seu Curso Intermissivo,* também conhecido como *Teste do Intermissivista,* foi publicado em 1994 por Waldo Vieira em seu tratado *700 Experimentos da Conscienciologia.*

Esta obra conscienciológica, de 1.058 páginas e 40 seções, é inovadora por apresentar os fundamentos da ciência Conscienciologia com *capítulos-síntese* de 1 página. Em cada capítulo, o autor apresenta técnicas e testes para auxiliar o leitor ou leitora a aprofundar os fundamentos do paradigma consciencial pela autoinvestigação.

Com bibliografia de 5.116 itens, o tratado promove uma visão panorâmica de temas como a cientificidade, intelectualidade, tecnicidade e hiperacuidade, associados à consciência multidimensional e sua atuação lúcida na vida humana, com foco na produtividade assistencial e evolutiva.

Na seção *XXXI – Intermissibilidade* deste tratado, são apresentados 7 capítulos relacionados ao Curso Intermissivo e 8 capítulos referentes à Programação Existencial. No capítulo 540 o leitor encontra o Teste do

Intermissivista, cujo conteúdo fundamenta a presente obra.

O teste reúne 10 traços de personalidade vincados na consciência participante de Curso Intermissivo antes do renascimento. Assim, se o autopesquisador responder positivamente a pelo menos 5 questões do teste, demonstra apresentar tra*f*ores de um intermissivista.

Responder o teste demanda reflexão e autocrítica profundas. Portanto, esta autora buscou apresentar variáveis para análise adequada dos tra*f*ores evidenciados em cada pergunta.

A seguir, você encontrará o Teste do Intermissivista e, nos 10 capítulos seguintes, cada uma das 10 questões do teste será analisada detalhadamente.

VIVÊNCIAS DO SEU CURSO INTERMISSIVO *

Definições. A *intermissão* é o intervalo extrafísico incidente entre 2 vidas intrafísicas e consecutivas da mesma consciência. O *curso intermissivo* é o conjunto das disciplinas ensinadas de acordo com programas traçados em série de aulas, adaptados a diferentes níveis dos alunos da *Materiologia* ou Intrafisicalidade, durante os períodos de intermissão dos pré-serenões (você, eu, e as conscins).

Graus. Há cursos intermissivos de níveis diversos. No avançado, de alto nível, destacam-se 4 *objetivos* básicos: a autoevolução, o desfrute produtivo da existência intrafísica, as tarefas evolutivas pessoais, e o planejamento técnico da nova vida.

Tra*f*ores. Há *verdades,* sugestões, rumores, boatos, meias-verdades, e mentiras. Se você deseja se inteirar do seu possível curso intermissivo pessoal, analise com extrema autocrítica se evidencia, pelo menos, 5 destes 10 traços de personalidade (tra*f*ores), e qual profundidade, extensão, vigor e qualidade com que se manifestam em você:

01. **Autoconfiança.** Ausência íntima de dúvidas mortificadoras quando adulto.

02. **Autoconscientização.** Certeza de possuir o *senso da imortalidade,* a consciência da vida eterna, dentro de si, em sua essência pessoal.

03. **Priorização.** Aspiração entranhada quanto ao aproveitamento útil da atual existência, buscando discernimento, conhecimento geral e o autoconhecimento maior.

04. **Seriéxis.** Aceitação natural, íntima, da teoria da seriéxis como fato pacífico, incorporado à existência do dia-a-dia. (V. Bib. 4838).

05. **Hiperacuidade.** Vivência de inspirações iluminadoras (ideias inatas) sobre o próprio destino, a carreira pessoal (proéxis), ou a vida humana em si (seriéxis).

06. **Automotivação.** Automotivação espontânea para pesquisas e desempenhos de práticas energéticas e parapsíquicas beneficentes ou assistenciais.

07. **Parapsiquismo.** Autopercepções anímicas e parapsíquicas esporádicas, porém convincentes e pacificadoras para si próprio.

08. **Proéxis.** Intuições indefinidas, mas persistentes, sobre alguma tarefa existencial importante (proéxis) a ser realizada ou em franco desenvolvimento.

09. **Autorretrocognições.** Autorretrocognições lógicas, coerentes, definidoras, enriquecedoras. As retrocognições *doentias* compõem o catálogo de nossas auto-omissões.

10. ***Omninteração.*** Identificação pessoal e autoconsciente quanto ao cosmos, à vida e à ordem no Universo, existente sob controle permanente de consciexes evoluídas.

Retoques. Se você não identifica em seu microuniverso consciencial estes tra*f*ores e, apesar disso, insiste em fazer um curso em sua próxima intermissão, não desanime. *Os **cursos intermissivos** evoluem constantemente.* E são acessíveis a todas as consciências motivadas. Dê os primeiros passos para alcançar esse objetivo. Retoque o que puder, em sua existência, aplicando a máxima força de vontade na correção de equívocos pessoais, desde já. O direito de conhecer a si mesmo, e agir sobre si, é intransferível e todo seu.

* Capítulo 540 extraído do tratado *700 Experimentos da Conscienciologia,* de Waldo Vieira, 1994, página 604.

ꝏ Capítulo 01 ꝏ

Ausência de Dúvidas Mortificadoras

*"**Autoconfiança.** Ausência íntima de dúvidas mortificadoras quando adulto."*

O *primeiro* traço-força apresentado no Teste do Intermissivista refere-se à ausência de dúvidas mortificadoras no universo íntimo da pessoa adulta. Tais dúvidas são os dilemas e incertezas bloqueadores do livre pensamento e da manifestação plena, produzindo uma atmosfera pessoal de hesitação e vacilação perante os desafios existenciais. O desconhecido, muitas vezes, é percebido como ameaça à pessoa insegura, resultando em inquietação e dúvidas martirizantes na condução da vida.

Ter dúvidas e questionar-se é sadio. Aliás, é a mola mestra do autoconhecimento. O ponto crítico ocorre quando a consciência torna-se *refém* da indecisão, travando a si mesma.

Mesmo tendo uma existência plena, muitos ainda se preocupam com o que poderá ocorrer ao final da vida. *"Vou envelhecer doente e solitário?"*, alguns podem pensar. Outros temem a indiferença: *"Quem irá se lembrar de mim quando eu morrer?"*.

De fato, são questões que todos nós podemos pensar em algum momento. No entanto, tais dúvidas tornam-se mortificadoras quando obscurecem o discernimento e tolhem a capacidade decisória de cada um.

Certos dilemas paralisantes estão relacionados à *extra*fisicalidade e seguem com a Humanidade há inúmeras existências: *"Quem sou eu?"*, *"De onde eu vim?"*, *"O que estou fazendo aqui?"*, *"Para onde vou depois da morte?"*, *"O fim da vida será meu fim?"*, *"Minha essência irá tornar--se pó?"*.

Grande parte da sociedade é insegura por não saber o que acontece *do lado de lá*. É comum a dúvida: *"Irei para o céu ou para o inferno?"*. Tais inseguranças primárias refletem a pressão das lavagens cerebrais religiosas e a recusa das pessoas em assumir a responsabilidade pelos acertos e erros no aqui e agora.

Determinadas consciências apresentam questões mortificantes e encontram-se *encantoadas* em dilemas éticos secretos que as incomodam intimamente: *"Ninguém sabe de minha conduta, mas devo continuar agindo desse modo ou reciclar meus valores pessoais?"*.

No decorrer da adolescência, o intermissivista naturalmente padecerá de *dúvidas implacáveis* sobre a sua atual proéxis, a carreira profissional, os estudos e os rumos a serem definidos para si. Porém, com o passar dos anos, ao alinhar-se cada vez mais à programação existencial, tais impasses se amenizam. Na adultidade, as experiências acumuladas reforçam a autoconfiança para assumir as rédeas da própria evolução sem medos paralisantes.

Um dos fatores para a construção da autoconfiança é a aceitação das qualidades e competências pessoais expressas em *autoexemplos* diários. *O que é bom precisa ser valorizado,* pois manifesta o domínio de habilidades desenvolvidas nas múltiplas existências.

A visão de conjunto da realidade íntima reforça a autoconfiança, sendo este fator vital para a dissolução dos conflitos íntimos e dilemas existenciais. A autoinvestigação realista é capaz de descortinar as facetas desconhecidas da manifestação consciencial.

Os achados relacionados à intraconsciencialidade podem envolver traf*o*res – traços-força, as alavancas de nossa evolução; traf*a*res – traços-fardo inibidores do amadurecimento consciencial; e *trafais,* ou traf*o*res *faltantes,* aquelas características positivas ainda inexistentes devido à falta de experiência pessoal.

Ao contrário do que se pensa, a autoconfiança não se constrói somente pelo reconhecimento das qualidades, mas também pela autoconsciência das faltas, fraquezas, lacunas e imaturidades. Muitos se deprimem apenas com o vislumbre dos pontos obscuros da intraconsciencialidade e não abrem mão das máscaras de proteção da autoimagem, reprimindo traf*a*res tão somente para se encaixarem socialmente. Nesses casos, a solução é o autoenfrentamento absoluto para destruir as ilusões a respeito de si e assumir a realidade consciencial de maneira plena, autêntica, pela autoaceitação sincera.

Para o intermissivista, a *autodesilusão é remédio,* pois implode a imagem distorcida, demole as muralhas de defesa do ego e torna-se o primeiro passo para construção de neoestruturas conscienciais afins à sua essência extrafísica.

O estado de insegurança como parte da vida é alimentado pela sociedade patológica devido ao *sistema de subnivelamento social.* Ao ousar sair da zona de conforto para enfrentar o desconhecido, o indivíduo corre o risco de sobressair-se aos demais e tornar-se desagradável pelos talentos evidenciados.

A sociedade convencional impõe padrões a serem seguidos que, do ponto de vista consciencial, *não levam a lugar algum*. São as **coleiras do ego.**

A solução natural do grupo ainda imaturo é nivelar-se pela média através da *aura intimidante* das chantagens emocionais, coerções sociais e repressão do livre pensamento, resultando na paralisia da criatividade, da iniciativa, da ousadia e da originalidade dos indivíduos.

As personalidades ingênuas acabam tornando-se vítimas das *coleiras sociais do ego anticosmoéticas* e fazendo parte da massa de manobra das consciências extrafísicas assediadoras.

O **assediador** é a consciência patológica, agente de *intrusão negativa* a uma conscin ou consciex predisposta, alterando seu estado emocional, mental e energético.

Os dilemas martirizantes advêm da sujeição a este *sistema doentio* pela falta de criticidade e a aceitação passiva das diversas crenças estagnadoras da evolução. A pessoa *genuflexa,* ao aceitar tudo o que vem *de cima* sem um mínimo de racionalidade, condiciona-se aos absurdos religiosos milenares das sociedades castradoras de cérebros e *para*cérebros.

A atmosfera da opressão acaba por solapar a autoestima, gerando sentimento de autodesproteção frente ao universo. Como resultado, alimenta impasses existenciais e torna a *massa impensante* dependente das mais diversas muletas psicológicas na ilusão de que soluções imediatas para seus dissabores *cairão do céu.*

As dúvidas mortificadoras presentes na estrutura intraconsciencial do indivíduo estão alicerçadas em *medos irracionais paralisantes,* a exemplo destes 10 tipos de fobias:

01. **Conviviofobia:** a fuga mórbida da convivência com as demais pessoas a partir do *encaramujamento egocêntrico,* do receio da autoexposição e da tendência ao isolacionismo.

02. **Decidofobia:** a aversão à tomada de decisão, comum a quem cultiva o mau-hábito de viver *em cima do muro,* atestando a pusilanimidade pessoal.

03. **Evoluciofobia:** a repulsa à evolução, demonstrando ignorância crassa quanto ao fluxo evolutivo natural do Universo.

04. **Hadeofobia:** o temor de ir para o inferno, gerado pelas manipulações repressoras de cunho religioso, resultando na manutenção da autoculpa e autoflagelações psicológicas diversas.

05. **Isolofobia:** a angústia ilógica e irracional de viver na solidão. A vivência multidimensional nos mostra que *nem o náufrago está só na ilha aparentemente deserta.*

06. **Neofobia:** a repulsa ao novo, à vanguarda e qualquer ingrediente ameaçador das *estruturas engessadas do pensamento* secular ou milenar.

07. **Parapsicofobia:** o terror do parapsiquismo pelo apego regressivo aos sentidos materiais e instintivos e a negação ao conhecimento das realidades extrafísicas.

08. **Projeciofobia:** o pânico em vivenciar projeções conscientes para fora do corpo físico e o consequente adentramento na extrafisicalidade ainda desconhecida.

09. **Recinofobia:** o pavor às *recins* – reciclagens intraconscienciais –, devido à acomodação cronicificada na zona de conforto pessoal.

10. **Tanatofobia:** o medo da morte, pai e mãe das demais fobias, e do descarte compulsório do corpo humano decorrente da desativação somática. A tanatofobia é uma espécie de *ruído de fundo* perturbando grande parte da Humanidade. Há quem viva em clima de tensão constante ao pensar na morte inevitável.

O cultivo da autoestima e da autoconfiança para o desenvolvimento da **coragem evolutiva** é uma das benesses dos Cursos Intermissivos.

As lições extrafísicas ensinam que a existência humana é um *átimo multiexistencial.* A visão mais ampla quanto às complexidades do Universo vacina a consciência contra autovitimizações irracionais no que diz respeito à vida e à morte.

Visando o próprio benefício, o intermissivista não pode se *dar ao luxo* de desperdiçar as horas do dia apenas com banalidades. *Tempo é oportunidade evolutiva.* Portanto, o autogoverno cosmoético da vida no contrafluxo da sociedade, ainda patológica, torna-se pauta diária da conscin atilada.

Na prática, tal postura é materializada pela autopesquisa continuada e pelo desenvolvimento parapsíquico para a interação com os amparadores – as consciências extrafísicas mais lúcidas intencionadas em contribuir para a evolução consciencial.

Os amparadores têm interesse em auxiliar quando há engajamento na qualificação da convivência sadia pela interassistência, em qualquer local ou dimensão. Eles dão força à conscin e a inspiram nas autorreciclagens intraconscienciais para que ela possa tornar-se confiante de seus potenciais interassistenciais.

Quando o intermissivista vivencia essa realidade, sua visão de mundo se transforma. Ao sobrepujar os impulsos da *robotização existencial* grosseira, busca participar da sociedade sem tornar-se refém de suas patologias. Ele desenvolve a autossuficiência e lança mão da bagagem intermissiva adquirida para contribuir com a qualidade de vida da Humanidade, alinhando-se cada vez mais às cláusulas de sua programação existencial.

A **robéxis**, ou robotização existencial é a condição de a conscin viver sem pensar, presa aos instintos e anseios da dimensão material.

O equilíbrio emocional pelo domínio da racionalidade madura é fator vital para a conquista da *ataraxia* – condição de imperturbabilidade quanto aos obstáculos inerentes a esta dimensão, sejam elas intra, inter ou extraconscienciais. Esses níveis crescentes de pacificação íntima adquiridos pelas conquistas pessoais repercutem inclusive nos grupos de convívio. O intermissivista passa a assistir os demais na identificação e superação de suas inseguranças e obstáculos.

A ex-consciência extrafísica intermissivista, quando lúcida, *assina sua carta de alforria* frente às manifestações subcerebrais pela vivência do questionamento e do *Princípio da Descrença.* Assume sua *liberdade volitiva* para destruir em definitivo quaisquer autodogmas que possam alimentar incertezas, inquietações, vacilações e impasses estagnadores da dinâmica evolutiva.

O **subcérebro abdominal** é o centro das manifestações subumanas da conscin, no umbilicochacra. Milhões ainda vivem escravizados aos instintos do *animal humano* e não a partir dos atributos cerebrais avançados.

Uma das grandes dúvidas mortificadoras da Humanidade diz respeito à *imortalidade do ser.* A existência da consciência transcende a morte do corpo humano? Este será o tema abordado no capítulo seguinte.

A convicção íntima do intermissivista haurida pelas lições do *Curso Intermissivo* ***aniquila quaisquer*** *incertezas pueris* ***quanto à evolução consciencial.***

QUESTÕES PARA AUTORREFLEXÃO:

1. **Dúvidas.** Você, na fase adulta, ainda é assombrado por dúvidas mortificadoras sobre seu destino? Se sim, tais inquietações possuem algum fundamento lógico e racional?

2. **Ataraxia.** De 1 a 5, qual o nível de pacificação e confiança para consigo, os outros e a própria existência, nos períodos de *chuvas e trovoadas* da vida humana?

3. **Mitos.** Você já exterminou o *mito da morte* dentro de você? Ainda cultiva *mitos salvacionistas,* a exemplo da *evolução pelo sofrimento* e do *temor às divindades?*

ꕥ Capítulo 02 ꕥ

Senso da Imortalidade

*"**Autoconscientização.** Certeza de possuir o senso da imortalidade, a consciência da vida eterna, dentro de si, em sua essência pessoal."*

O *segundo* trafor enumerado no Teste do Intermissivista diz respeito ao senso da imortalidade.

A *vida humana* é a circunstância de a consciência habitar temporariamente um corpo biológico para manifestação na dimensão material respiratória.

O intermissivista é autoconsciente quanto à sua realidade *não humana,* multidimensional e pluriexistencial, compreendendo sem conflitos o conceito da eternidade consciencial.

As *consciências intrafísicas vulgares* ainda presentes nas sociedades humanas deste Século XXI são, em geral, ignorantes a respeito da eternidade do ser. Dedicam-se a tirar o máximo partido desta existência, pois acreditam que *a vida é uma só*. Repetem os mesmos comportamentos, século após século, em *automimeses conscienciais* estagnadoras de sua evolução.

O termo *vulgar* refere-se ao comum ou ordinário; o que é natural ao povo, ou à massa. Assim, a **conscin vulgar** é quem, como a maioria, ainda desconhece a multidimensionalidade e a evolução da consciência.

Muitas, portadoras de travões parapsíquicos, atuam ao modo dos parentes símios, dominados pelos instintos de bicho, e lutam para atender as necessidades fisiológicas de sobrevivência (alimentação, sono, abrigo), de defesa (territorialismo, poder, belicismo), da prole (sexo, procriação, perpetuação genética) e de estruturação social (*status*, dinheiro, poder, posição).

Estes animais humanos ainda não despertaram o interesse pela evolução autoconsciente; em geral simpatizam com a *lei do menor esforço* em suas ações e, não raro, são cúmplices dos *idiotismos culturais* inúteis da materialidade. Não dispõem de espaço mental para a *ampliação do mundo pessoal,* nesse momento.

Infelizmente, legiões de consciências extrafísicas, que *morreram e não acabaram* continuam levando suas vidas na *Baratrosfera* – dimensões extrafísicas habitadas pelas consciexes com os mais diversos tipos de patologia, na paratroposfera terrestre. Estes bolsões extrafísicos degradados abrigam *bilhões* de seres enfermos, em sonambulismo existencial secular, *fechados em copas* para a realidade extrafísica devido ao apego aos condicionamentos e sentidos somáticos adquiridos na dimensão respiratória.

Sob a perspectiva intrafísica, até as grandes estrelas intelectuais da ciência convencional, as *conscins eletronóticas,* podem estar cegas e surdas para a multidimensionalidade. Muitas delas encontram-se felizes e esperançosas a respeito das tecnologias para torná-las "imortais": medicina regenerativa, engenharia genética, nanotecnologia, nanorrobótica, criogenia, clonagem e todos os milagres da *Cyborgologia.*

A **conscin eletronótica** é o indivíduo refém da *machina sapiens*. Escravo do materialismo, vive ao modo de um psicótico, ignorando completamente a própria realidade consciencial.

Apesar dos inquestionáveis benefícios dessas tecnologias para a longevidade da máquina humana, tais crenças apenas reforçam sua visão míope a respeito da existência após o descarte do corpo humano.

Na busca de um sentido para a vida, o ser humano utilizou sua capacidade de imaginação e interpretação do mundo para criar as religiões. Elas influenciam e são influenciadas pelas culturas presentes na Humanidade.

As religiões admitem a sobrevivência da consciência à morte do corpo humano. Porém, para bilhões de adeptos das religiões, a eternidade do ser é tão só mais uma das crenças religiosas, aceitas como meras superstições, sem questionamento e sem autoexperimentação da multidimensionalidade com lucidez.

Sem a crença cega, o parapsiquismo permite ao sujeito compreender sua manifestação não só pelo corpo humano, mas por intermédio de outros corpos mais sutis.

O *holossoma* é o conjunto dos 4 corpos ou *veículos de manifestação* da personalidade nas múltiplas dimensões: o *soma* (corpo físico); o *energossoma* (corpo das energias e da vitalidade; o holochacra); o *psicossoma* (corpo emocional, a *alma* ou *espírito*); e o *mentalsoma* (corpo mental, sutil e sem forma; a sede da consciência).

A essência da personalidade vai muito além do cérebro, máquina física mais nobre e avançada do *Homo sapiens sapiens*. A projeção lúcida para fora do corpo, uma das experiências mais marcantes para o ser humano, vinca o senso da imortalidade na holomemória pela *autoconstatação lógica* dos fatos e parafatos.

Ao vivenciar o fenômeno da *autobilocação,* o(a) projetor(a) conclui que pode discernir, raciocinar e utilizar a sua volição *sem* a necessidade do cérebro físico. Tal fenômeno faz o *mito materialista do morreu-acabou* cair por terra. O fenômeno, por si só, é autopersuasivo e inarredável ao experimentador.

A **autobilocação** é a projeção consciente de psicossoma na qual o projetor encontra e visualiza o próprio corpo biológico inanimado, *vazio de consciência,* diante de si.

Ao renascer, o intermissivista passa naturalmente pelo choque da mudança de dimensão e o consequente afunilamento das capacidades paracerebrais, pois o res-

Quando consciexes, possuímos mais unidades de lucidez, ou **cons**, do que agora na condição de conscins.

tringimento da lucidez é inerente à intrafisicalidade em razão da genética, da mesologia e do novo corpo. A cura da *hipomnésia intermissiva* ocorre aos poucos pela recuperação de *cons*, ou unidades de lucidez.

No decorrer do amadurecimento biológico, a conscin intermissivista amplia a compreensão de que cada consciência é um ser perene. E também, na medida em que expande sua autoconscientização multidimensional, o intermissivista reconhece a atual existência enquanto *momento evolutivo:* o *aqui e agora* guarnecido de experiências recicladoras objetivando a transformação, para melhor, do *futuro sempiterno* de sua História. Isto é um postulado para o aproveitamento útil da vida humana.

Outro aspecto relacionado à vida extrafísica da consciência é o estudo da paraprocedência, a *hometown* ou cidade natal da consciex.

A autopesquisa da paraprocedência pessoal é tema relevante ao intermissivista, pois possibilita a identificação das *comunexes* – comunidades extrafísicas – às quais esteve vinculado e, sobretudo, à *paraprocedência cursista,* ambiente didático ou instituição extrafísica de ensino dos Cursos Intermissivos.

As **ideias inatas** são aquelas convicções que já nascem com a consciência e, no caso do intermissivista, podem estar relacionadas às experiências do Curso Intermissivo e às cláusulas da proéxis pessoal.

As retrocognições da paraprocedência cursista ratificam as ideias inatas do intermissivista em relação à imortalidade pela autocomprovação lúcida e racional, independente das influências sociais, religiosas, místicas ou dogmáticas.

É incompatível ao perfil intermissivista realizar uma programação existencial avançada e, ao mesmo tempo, permanecer apegado à matéria, escravizado ao elétron e ao ignorantismo consciencial. Tais atitudes representam meras repetições das posturas materialistas, milenares, comuns às existências anteriores vulgares. Por isso, o intermissivista atento busca autovacinar-se contra as *seduções vãs* da humanidade fisicalista através do investimento parapsíquico e da *projetabilidade lúcida,* possibilitando o acesso à procedência intermissiva e a rememoração dos valores ratificadores dos princípios evolutivos pessoais.

Entretanto, importa lembrar que a proéxis é realizada na *dimensão intrafísica.* Assim, o intermissivista precisa equilibrar a sua vida multidimensional, *sem alienar-se das necessidades e obrigações humanas.* Conciliar os afazeres cotidianos com a vida parapsíquica é um dos maiores desafios ao intermissivista.

Sob a ótica da convivialidade, o entendimento vivenciado do senso da imortalidade da consciência traz mudanças radicais para o modo de agir, levando à reciclagem da maneira de lidar com os pares e qualificando as relações interconscienciais.

Os vínculos afetivos, sadios ou patológicos, com a família, os amigos, os colegas, os parceiros e demais compassageiros evolutivos não irão desvanecer-se após a morte biológica. Estas relações perdurarão e poderão contribuir tanto para a aceleração da maturidade consciencial quanto para a imobilização evolutiva sustentada pelas *interprisões grupocármicas,* ou vínculos antievolutivos decorrentes de relações nocivas.

No dia a dia, assumir o autocompromisso de ajustar as relações interpessoais através da eliminação de ressentimentos, mágoas e rancores infantis é um ato de *inteligência cosmovisiológica.* O pensene, ou *pen*samento + *sen*timento + *ene*rgia que manifestamos de modo indissociável, afeta os outros seres de imediato, com repercussões pessoais diversas.

Os **pensenes** se propagam como ondas, formando um oceano de ideias, emoções e energias.

O ato de pensar mal dos outros (e vice-versa) alimenta imediato círculo vicioso, multidimensional, de *assedialidade interconsciencial* ou a intrusão, consciente ou

Nem mesmo a vítima autêntica, *coberta de razão,* é beneficiada ao alimentar acossas, reinvindicações e vinganças, pois mantém fechadas as travas dos **grilhões grupocármicos.**

inconsciente, de pensenes doentios, resultando em conflitos, perseguições e *vampirizações energéticas.* Além das pessoas envolvidas, as *consciências extrafísicas* afinizadas ao padrão patológico das energias gravitantes também estarão vinculadas ao processo.

Nesse caso, a solução mais inteligente é o uso do discernimento cosmoético para cortar de imediato os autopensenes patológicos.

Você alimenta conflitos malparados? Costuma tornar-se inabordável, *virando a cara* ao encontrar *aquele* alguém? Nestes casos, há uma técnica útil ao processo de *autorretratação grupocármica* da pessoa interessada em reconciliar-se.

Em um momento reservado para reflexão, relaxe sozinho em poltrona ou leito confortável e livre-se de agentes dispersivos (televisão, *internet, smartphones* e demais *gadgets*).

O próximo passo é trazer à memória nomes, imagens e lembranças relacionadas às pessoas cujas relações estão *azedas* devido a conflitos, angústias, desgostos, antipatias, paixões ectópicas e vínculos anticosmoéticos causadores de desconforto e mal-estar.

Em seguida, faça anotações, elencando os nomes recordados. Em todos os momentos, o ideal é manter a higiene pensênica e evitar alimentar quaisquer tipos de queixumes e ruminações mentais desqualificadores da intenção sincera em resolver estas questões.

Por fim, elabore um *plano de ação* para autorretratação, anotando procedimentos, condutas, metas e prazos *claros* para encontrar com cada desafeto e buscar a reconciliação, o mais breve possível. O cumprimento deste plano até o fim demanda energia, dedicação e despojamento, sobretudo aos egoístas e orgulhosos. Contudo, os resultados são altamente recompensadores para todas as partes.

A importância da abordagem do tema *convivência sadia* nesse capítulo sobre a imortalidade da consciência é simples: quando o corpo morre, a consciex tem nas boas relações a fortaleza ou sustentáculo para sua caminhada evolutiva. O verdadeiro aporte após a vida humana origina-se dos vínculos interassistenciais cultivados, mantenedores de saldo superavitário da conta corrente evolutiva pessoal. Em outras palavras, o senso da imortalidade demonstra que *ninguém perde ninguém.* Portanto, precisamos aprender a qualificar nossas relações interpessoais ao longo da seriéxis.

A consciência evolui quando, a partir das reurbanizações pensênicas, interage com seus pares experienciando a *inter*assistencialidade, ou seja, o acolhimento, auxílio, encaminhamento e acompanhamento dos companheiros a novos patamares de maturidade, mas com o abertismo para ser igualmente assistida, esclarecida e conduzida ao progresso pessoal.

Este é o *princípio de ação e reação* alinhado à Cosmoética dentro do maximecanismo evolutivo, gerador de benefícios incomensuráveis para a criação de uma nova História grupal nas *fieiras das vidas consecutivas.*

A VIVÊNCIA EXTRAFÍSICA APENAS ATESTA** A INFRANGIBILIDADE CONSCIENCIAL, **OU O FATO DE A CONSCIÊNCIA SER IMATÁVEL, IMORRÍVEL, INASSASSINÁVEL, INSUICIDÁVEL E INDESTRUTÍVEL.

QUESTÕES PARA AUTORREFLEXÃO:

1. **Imortalidade.** Como se sente você frente ao horizonte infinito da consciência eterna? No dia a dia, qual a sua carga horária de autoconsciência quanto à imortalidade?

2. **Projetabilidade.** Você já experimentou uma projeção lúcida para fora do corpo físico, vivência magna para autocomprovação da imortalidade da sua consciência? Qual o saldo evolutivo de suas experiências projetivas?

3. **Pré-ressoma.** Onde você se encontrava e o que fazia *antes* do seu nascimento? Já teve retrocognição ou inspiração extrafísica a respeito deste período?

ꟿ Capítulo 03 ꟿ

Aproveitamento Útil da Vida Humana

*"**Priorização.** Aspiração entranhada quanto ao aproveitamento útil da atual existência, buscando discernimento, conhecimento geral e o autoconhecimento maior."*

O *terceiro* traço-força do Teste do Intermissivista versa sobre a capacidade de a consciência saber aproveitar as oportunidades da vida humana, tornando-a evolutivamente frutífera.

O aproveitamento útil da atual existência é a atitude inteligente de a consciência impor, a si mesma, a renovação de posturas anacrônicas, incoerentes e antievolutivas em suas condutas, através das reflexões sobre as lições e exemplos ao redor e da assunção das responsabilidades pessoais perante o momento evolutivo presente.

Este processo de *semperaprendência* envolve ciclos de aprendizagem e ensino contínuos, dinâmicos e motivadores, qualificando a própria existência.

Durante as aulas do Curso Intermissivo aprendemos sobre as oportunidades ímpares de amadurecimento na vida humana. Ao contrário das dimensões extrafísicas, aqui há grande diversidade de consciências vivendo na mesma dimensão.

Na dimensão intrafísica é possível, em apenas algumas horas, conviver e interagir com as mais variadas *tribos,* culturas, modos de pensar e agir distintos do nosso. Todos servem de exemplos, saudáveis ou patológicos, para a autopesquisa consciencial. Assim, o real aproveitamento existencial está relacionado às *reciclagens autopensênicas* advindas da autopesquisa e das interações com diferentes grupos, pessoas e manifestações conscienciais.

O autoconhecimento é ferramenta essencial para o intermissivista. A autoinvestigação visa o *download* do banco de dados relacionado à paragenética, às lições do Curso Intermissivo, às cláusulas da programação existencial e à Ficha Evolutiva Pessoal.

A **paragenética** é construída pela bagagem das genéticas pregressas multimilenares e experiências das múltiplas biografias da consciência, resultando no temperamento pessoal.

Uma dúvida que o leitor ou a leitora pode apresentar é: "Como é possível adquirir tais informações a respeito de minha realidade extrafísica?".

Na prática, o grande aliado para o acesso de dados conscienciais é o parapsiquismo. A partir dos fenômenos parapsíquicos, a conscin pode lembrar das experiências extrafísicas pelas retrocognições, e também acessar os arquivos pessoais *in loco,* projetada em comunidades extrafísicas e conversando com especialistas ou colegas extrafísicos que a conheçam muito mais do que ela mesma. Daí a importância da priorização quanto ao desenvolvimento parapsíquico.

Enquanto a Humanidade em geral tem como objetivo de vida a conquista do sucesso profissional e financeiro, o intermissivista anseia, além disso, pelas oportunidades evolutivas. Seus esforços são pautados no discernimento ao eleger as prioridades, pois os convites à dispersão aparecem a todo momento, culminando em desvios de rota e na *acomodação automimética.* Quando o indivíduo não está atento, tende a optar por tudo o que lhe seja mais familiar e agradável.

A **automimese existencial** ocorre quando a conscin repete automaticamente experiências de retrovidas, expressando tendências anacrônicas desnecessárias no momento atual.

Inúmeros fatores dispersivos inutilizam as horas do dia, como por exemplo, amizades ociosas, passatempos fúteis, lazeres dispensáveis e outras frivolidades. Não raro, há conscins que, mesmo sendo intermissivistas, andam na *periferia* dos grandes desafios, *comendo pelas beiradas* e ignorando o cronograma estabelecido durante o Curso Intermissivo.

Em certos casos, ao negar seu quinhão de responsabilidade existencial, a consciência sucumbe às pressões extrafísicas dos assediadores do passado. Neste caso, é necessária a reavaliação das rotinas pessoais e pensênicas voltadas aos maus hábitos e *bocas tortas do passadão.*

Uma técnica útil a você, leitor ou leitora, é fazer um balanço de sua rotina. Primeiro, enumere *todas* as tarefas ou ocupações diárias, sejam de cunho pessoal, familiar, profissional ou social. Depois, com a máxima acuidade possível, identifique quais ocupações são meros *caprichos dispensáveis* por não contribuírem em nada para o crescimento pessoal ou grupal.

Ao final, os afazeres inúteis e estagnadores deverão ser *cortados na raiz* através de seu posicionamento firme e autodisciplina. Assim, você terá mais tempo para investir em tarefas produtivas. *Há lazeres prescindíveis.*

A acuidade na seleção das ocupações impacta profundamente no real aproveitamento da existência, sendo fator primordial na criação do *Código de Prioridades Pessoais.*

Uma das lições dos Cursos Intermissivos quanto ao aproveitamento evolutivo da vida está relacionada à partilha das experiências multiexistenciais às demais consciências, através de tarefas assistenciais, a exemplo do voluntariado. O grande benefício do voluntariado é a doação do tempo pessoal, das energias, da inteligência e de outros aportes conscienciais sem exigir recompensas pessoais ou ganhos financeiros em troca.

No trabalho voluntário, o intermissivista apresenta motivação íntima para buscar alguma tarefa assistencial libertária a ser desempenhada com afinco. A aspiração em tornar-se *minipeça de um maximecanismo interassistencial* o segue onde quer que esteja, em alguns casos, desde a infância. Espontaneamente, a ex-consciex intermissivista buscará entrosar-se a algum grupo de assistência para dar vazão à demanda pessoal de partilha dos seus saberes. Nesse momento, ela poderá deparar-se com dois modelos principais de assistência: a *tacon* e a *tares*.

A *tacon*, ou *tarefa da consolação,* é a modalidade assistencial mais presente na Humanidade, no momento atual. Essa tarefa de assistência primária visa auxiliar as demais consciências, com intenção de atender as *necessidades prementes* da sociedade. Em geral, a tacon está relacionada a ações comunitárias beneficentes de instituições religiosas ou políticas, e ONGs – Organizações Não Governamentais.

A *tarefa da consolação* é materializada, por exemplo, através de doações (distribuição de cestas básicas, *sopão dominical,* roupas e agasalhos); assistência médica (campanhas de doação de sangue, atendimentos a gestantes, crianças e idosos, tratamento médico e odontológico, acolhimento aos drogaditos); arte e cultura (teatro, música e dança); esporte e lazer (escolinhas de futebol nas periferias, encontros com esportistas, *shows* comunitários); iniciativas de pessoas físicas ou jurídicas para *crowdfunding* (financiamento coletivo) destinado à *realização de sonhos* de pessoas carentes, dentre outros.

Apesar dos benefícios desse tipo de assistência à sociedade, a execução prioritária da tarefa da consolação pelas conscins intermissivistas não é considerada a ideal. Ainda microminoria no Planeta, estes indivíduos receberam *capacitação avançada,* sendo responsáveis pelo desempenho de tarefas muito mais complexas dentro da interassistencialidade.

Os Cursos Intermissivos estão fundamentados no **esclarecimento** e não na consolação.

De acordo com a Conscienciologia, o exercício da tacon é considerado tarefa rudimentar, mais fácil de ser executada, pois atende as *carências imediatas* tanto do assistido quanto do assistente e impacta a autonomia consciencial de modo negativo. Não há dúvida de que esta modalidade de assistência pode auxiliar consciências necessitadas em determinado momento. Porém, é *paliativa* e não resolve as reais demandas intraconscienciais. Seu viés tende a ser psicossomático; faz *vibrar as cordas do coração* e raramente *atiça os neurônios* pela racionalidade e criticidade.

Um *mata-burro* da tacon é a manutenção do vínculo de dependência entre assistido e assistente: o primeiro acostuma-se a *receber o peixe,* e sempre volta pedindo mais; o segundo sente-se satisfeito em *dar o peixe* e, esperando preencher seus *gaps* emocionais pelo reconhecimento alheio, persiste na tarefa sedutora. Há *vícios psicossomáticos multiexistenciais* geradores de interprisões grupocármicas.

Outros aspectos críticos dentro da tacon são o assistencialismo, a demagogia e a manipulação das pessoas carentes e ingênuas por instituições e pelo Governo, através da *pilantropia.* Quem participa desses grupos de assistência com boa intenção, mas sem discernimento algum, poderá inclusive criar interprisões *sem perceber,* acreditando fazer algum bem à Humanidade.

O exercício da tacon é evolutivamente útil para quem está na condição de *calouro assistencial,* dando os primeiros passos para fora do *egão* e adentrando a realidade da interassistência. Aos intermissivistas, a tarefa assistencial *prioritária* para o aproveitamento da vida humana é a *tares.*

A *tares,* ou *tarefa do esclarecimento,* é uma prática assistencial avançada e complexa, ainda incomum na Humanidade deste Século XXI. Enquanto a tacon retrata a caminhada do mundo íntimo (egocarma) para o grupocarma (grupo nuclear de convívio), a tares representa a saída do grupocarma em direção ao policarma (vivência da fraternidade universalista). Por isso, a tares demanda maturidade e inteligência para ser realizada.

Seu objetivo é, através da *transparência,* da *franqueza* e da *intencionalidade qualificada,* expor a realidade do assistido para auxiliá-lo na autorreeducação e na catálise das renovações pessoais. Esta tarefa exige alto grau de discernimento do assistente para identificar o melhor momento, a melhor abordagem e a melhor dosificação energética para esclarecer o outro, respeitando seu limite de assimilação da informação. *A tares não é água com açúcar tampouco estupro evolutivo. Falar verdades na cara sem a intenção sincera de assistir não é tares.*

A prática da tarefa do esclarecimento envolve, em grande parte, a comunicação interconsciencial e o uso do mentalsoma na argumentação lógica a partir dos fatos. Usa-se casuística exemplificativa precisa, sem *enrolação.* Em comparação à tacon, é uma técnica desagradável de se fazer e de se receber, pois *não põe panos quentes* e *coloca o dedo na ferida.* Diz mais *não* do que *sim* e estimula a racionalidade madura em detrimento da emocionalidade infantil.

Os resultados assistenciais da tares ocorrem aos poucos. Com efeito, este tipo de tarefa assistencial raramente gera atitudes imediatas de gratidão do assistido para o assistente. A *digestão* da tares e o consequente entendimento da assistência recebida vêm com o passar dos dias, meses, anos ou *vidas.*

Nas atividades pedagógicas das Instituições Conscienciocêntricas (ICs), aprendemos e discutimos com profundidade as técnicas assistenciais. Aliás, um dos laboratórios mais propícios ao exercício da tares são as salas de aulas de Conscienciologia, pois as temáticas avançadas – verdades relativas de ponta – por si só são impactantes, resultando em reflexões críticas e reciclagens pessoais.

A **IC** é a organização de voluntários da Conscienciologia em torno de uma área de trabalho específica, cujos fins são assistenciais, cosmoéticos e evolutivos.

De acordo com a Conviviologia, o aproveitamento útil da vida humana também perpassa a relação da conscin com seus convivas.

A consciência desenvolve afinidades em suas múltiplas existências: colegas, amigos, familiares, companheiros. Ao ponto em que amadurece, a *seletividade no convívio social* torna-se necessária e essencial para a realização da programação existencial.

A reciclagem do círculo de *amizades ociosas* em prol das amizades maduras é parte das decisões do proexista. Ao ampliar sua lucidez intermissiva, troca *noitadas regadas a bebida* por ambientes de convivência social sadia.

Ninguém perde ninguém. Esta é a *lei da inseparabilidade grupocármica.* As afinidades e o afeto se conservam independente da distância e do tempo. Porém, ao caminhar mais rápido, não há outra alternativa senão *pedir licença* e seguir seu caminho, respeitando as decisões alheias.

A **melin** indica negligência quanto às cláusulas da proéxis e resulta na autofrustração *sem motivo aparente*. Após a dessoma, a melin pode transformar-se em **melex** – melancolia extrafísica.

Há conscins intermissivistas inadaptadas pelo *apego infantil* às companhias antievolutivas cujo vínculo afetivo fazem questão de manter. Dispendem levianamente seu tempo e energias, saindo dos trilhos da proéxis rumo à *melin* – *mel*ancolia *in*trafísica. Não raro, no correr dos anos, a consciência brilhante e cheia de vitalidade vai tornando-se opaca, desmotivada e depressiva por viver em um *oceano de autoincoerências*. Intimamente, sente que se continuar assim, chegará à dessoma na condição de *incompletismo existencial* – a não completude da proéxis.

A PROCURA, O REENCONTRO, A ATUALIZAÇÃO E O ENTROSAMENTO COM COLEGAS DO GRUPO EVOLUTIVO É DE *IMPORTÂNCIA VITAL* ***PARA O SUCESSO DOS EMPREENDIMENTOS PROEXOLÓGICOS.***

As proéxis dos intermissivistas afins se entrecruzam, formando uma rede multidimensional de projetos complementares. Juntas, estas proéxis constituem a maxiproéxis grupal. Daí a importância de os intermissivistas se unirem pelos laços de amizade.

Outras prioridades evolutivas para o intermissivista são as *gestações conscienciais*. As chamadas *gescons* são os frutos ou produções nas mais diversas áreas, visando auxiliar a coletividade em seu processo evolutivo. Alguns dos múltiplos exemplos de gescons são a publicação de livros com ideias libertárias e de ponta, a criação de instituições de vanguarda assistencial, invenções e descobertas científicas que trazem benefícios incomensuráveis à sociedade e os movimentos pacifistas e universalistas. *A gescon expressa os trafores e genialidades do(a) intermissivista.*

O coroamento dos esforços do intermissivista ocorre pela materialização da *megagestação consciencial* – a obra-prima, o maior legado pessoal para a Humanidade. Tal feito é o resultado da soma de esforços empreendidos desde a fase inicial da existência e do foco para a realização dos projetos proexológicos.

Se você fez Curso Intermissivo e sua vida é um* mar de rosas, *fique de olho. O real aproveitamento desta existência dar-se-á no contrafluxo da sociedade materialista.

QUESTÕES PARA AUTORREFLEXÃO:

1. **Prioridade.** Qual a porcentagem de utilidade *evolutiva* de suas rotinas, dentro das 24 horas do dia? Seus lazeres são produtivos ou descartáveis?

2. **Amizades.** Como lida você com as amizades ociosas e atravancadoras de sua evolução? Você ainda mantém vínculos anticosmoéticos de dependência?

3. **Capricho.** Você possui *caprichos irracionais* dos quais não abre mão? Se sim, já pensou no quanto tais posturas infantis aniquilam sua confiabilidade frente ao grupo evolutivo *multidimensional?*

ഇ Capítulo 04 ര

Convicção quanto à Serialidade Existencial

*"**Seriéxis.** Aceitação natural, íntima, da teoria da seriéxis como fato pacífico, incorporado à existência do dia-a-dia."*

O *quarto* trafor presente no Teste do Intermissivista refere-se à convicção íntima sobre a teoria da seriéxis.

A serialidade existencial, ou *seriéxis,* é a série de existências da consciência, considerando os períodos extrafísicos ou pré-ressomáticos (intermissões) e intrafísicos ou pós-ressomáticos (vidas humanas).

Segundo a Conscienciologia, a consciência passa por inúmeros ciclos de reativação somática – *ressoma* ou renascimento humano, e desativação somática – *dessoma* ou morte biológica, ao longo do processo evolutivo, até alcançar patamares de burilamento consciencial suficientes para não necessitar mais estudar na Escola da Vida.

Para a maioria da população do Planeta, porém, a existência humana ainda é, e será, estratégia evolutiva *sine qua non* para o amadurecimento consciencial durante os próximos *milênios.*

Muitos materialistas costumam ironizar esta teoria devido ao argumento falacioso de que "ninguém morreu e voltou para contar". Na realidade, todos nós, consciências intrafísicas, já *fomos e voltamos* inúmeras vezes. Faz parte da evolução natural. Convivemos com milhares de pais, mães, maridos, esposas e filhos; renascemos no gênero masculino *(androssoma)* e feminino *(ginossoma)* com diferentes genéticas para nos manifestar; refinamos nosso temperamento a partir de incontáveis mudanças de ego; sofremos os efeitos de nossas imaturidades e colhemos os bons frutos dos acertos pessoais.

A consciência pode ampliar a visão quanto à serialidade existencial por intermédio da *holomemória.* Também chamada de memória integral, a holomemória é o *backup* da consciência, com arquivos de todas as experiências acumuladas em seu processo evolutivo. A holomemória tem sua sede no *mentalsoma,* veículo que, durante os milhões de existências, sobrevive à morte do corpo físico e não é descartado. Daí o porquê dos dados das retrovidas não perecerem com a dissolução do cérebro físico.

Nas **retrocognições** podemos rememorar vidas humanas anteriores ou mesmo os períodos extrafísicos. A retrocognição mais relevante é a do Curso Intermissivo recente.

O acesso espontâneo a fragmentos holomnemônicos na hora do sono é fato comum. Ao se projetar para fora do corpo humano e através do fenômeno da *retrocognição,* a conscin pode acessar as memórias de vidas anteriores.

Para as conscins imaturas e ingênuas, o acesso à holomemória é uma *faca de dois gumes,* pois ao mesmo tempo em que pode auxiliá-las nas reciclagens intraconscienciais, também pode gerar traumas devido ao choque emocional das experiências marcantes do passado.

Para a conscin lúcida, com a autopesquisa *em dia,* acostumada ao autoenfrentamento de traços pessoais e atenta às fragilidades intraconscienciais, a lembrança de experiências anteriores pode funcionar como aulas sobre os traços que ainda atravancam sua evolução, ou mesmo sobre megatra*fo*res ociosos ignorados ou desconhecidos – sinais de alerta para a reciclagem pessoal.

O megatrafor é a maior habilidade ou talento de exceção, burilado através das múltiplas existências.

Quando a personalidade está madura para lidar com sua *autobiografia multimilenar* e apresenta intenção sincera em expandir a autopesquisa e renovação para melhor, decerto terá respaldo extrafísico dos amparadores pessoais.

Caso ainda haja dúvidas com relação à sua capacidade de lidar com realidades pessoais desconhecidas, o ideal é deixar esse tipo de pesquisa para um momento futuro, priorizando a autoinvestigação no presente.

A aceitação da teoria da seriéxis é parte natural da intraconsciencialidade do cursista da intermissão. A visão de conjunto sobre o *Ciclo Multiexistencial Pessoal,* ou a dinâmica pessoal de *idas e vindas* é estudada minuciosamente junto ao evoluciólogo, antes da ressoma. Ao renascer, o intermissivista traz a convicção íntima de que a existência humana é um *átimo de segundo* no processo evolutivo pessoal.

Evoluciólogo, ou orientador evolutivo, é o mega-amparador especialista na coordenação das proéxis individuais, mediando projetos em comum para a maximização dos resultados grupais.

Nos Cursos Intermissivos a consciex faz uma *autoprospecção* seriexológica tomando conhecimento de retrovidas e ampliando a cosmovisão a respeito de seu real nível evolutivo. Esse patrimônio paragenético, ou seja, a bagagem consciencial adquirida pelas experiências pluriexistenciais, a auxilia sobremaneira no planejamento para aceleração pessoal.

Antes de renascerem, as consciexes intermissivistas buscaram esforçar-se para entrosar os empreendimentos evolutivos prementes às experiências pretéritas e aos projetos existenciais futuros, de modo a atualizarem as automanifestações multimilenares. Este é o *autorrevezamento multiexistencial.* A *passagem de bastão* para si mesmo envolve a definição de ações para o desenvolvimento de competências evolutivas, tais como o parapsiquismo lúcido, o autodiscernimento e a interassistencialidade junto ao grupo de convívio multidimensional, a inteligência evolutiva e os direcionamentos da autoproéxis com usos de diferentes habilidades.

A fixação dessas metas intermissivas auxilia na evitação das *autopatomimeses* – ou repetições patológicas dispensáveis de padrões regressivos, comprometedoras das programações existenciais pessoais.

Um exemplo didático de autopatomimese é o da consciex que a partir dos estudos intermissivos escolhe futura carreira profissional voltada à assistência. Ela elege, pela primeira vez em suas existências, uma tarefa de auxílio à coletividade visando aos novos desafios inerentes à função.

Porém, ao renascer, mesmo com intuições a respeito da nova profissão, acaba por escolher um antigo ofício mais familiar, sedutor ou mesmo anticosmoético. Ao modo de *antepassada de si mesma,* repete experiências pretéritas inúteis, sem desafios para autoproéxis. Ademais, tal repetição possibilita o reforço de tendências maléficas aos atuais planos evolutivos pela evocação dos grupos assediadores do *passadão,* apertando os nós das interprisões grupocármicas.

As **interprisões grupocármicas** são geradas pelas dívidas pendentes, discórdias mal resolvidas ou *rabos-presos* entre as consciências.

Um desafio para a conscin intermissivista é descartar os desejos e as vontades irracionais subniveladoras dos potenciais inatos, por estarem relacionados a costumes, experiências e condicionamentos antigos, ou mesmo ligados à mesologia, à família e à cultura atuais.

Quanto mais lúcida a consciência, maiores são os autoesforços para vincar novos padrões de manifestação na vida humana, considerando autorrevezamentos multiexistenciais. Com a *recuperação de cons* sobre o Ciclo Multiexistencial Pessoal, o homem ou a mulher intermissivista passa a vislumbrar seu papel no grupo de convívio.

O *grupocarma* é o grupo mais próximo, composto por familiares, colegas, amigos e desafetos, e demais consciências, intra e extrafísicas, com as quais convivemos. Na realidade, esse grupo mais próximo é composto por milhares de indivíduos, afins pelos vínculos multiexistenciais criados.

Em algum momento, o intermissivista precisa lidar com as *interprisões grupocármicas* por ele criadas em retrovidas. É por isso que, em geral, o intermissivista decide renascer em uma família cujas relações sejam mais complexas. Estando mais lúcido e maduro, sua responsabilidade é maior em compreender, acolher e assistir seus afetos e desafetos do passado.

Logicamente, a existência humana, intrafísica, nos é familiar. Mas e nossas vidas extrafísicas? O que fazemos lá? Temos rotinas similares às intrafísicas?

Em primeiro lugar, a extrafisicalidade difere da vida humana devido ao veículo de manifestação necessário. Enquanto a materialidade demanda o uso de um corpo físico, a existência extrafísica é vivenciada a partir do psicossoma.

Este corpo mais sutil possui diversas características parafisiológicas peculiares, a exemplo da *imponderabilidade,* ou ausência de peso avaliável, propiciando a volitação; a *autopermeabilidade extrafísica,* ou a capacidade de atravessar corpos sólidos, paredes e objetos; a *elasticidade extrafísica,* ou a plasticidade para alteração da sua forma;

a *invisibilidade* e *inaudibilidade extrafísicas,* ou a qualidade de os indivíduos projetados ou consciexes não serem normalmente visualizados ou ouvidos pelas pessoas na intrafisicalidade.

Dependendo do equilíbrio pensênico e holossomático, a consciex vive extrafisicamente com maior ou menor lucidez. Após o descarte do corpo biológico é comum à consciex passar por período de tratamento extrafísico junto a equipes de amparadores.

As razões para esse tratamento são inúmeras. Por exemplo, o indivíduo eletronótico pode entrar em choque de valores ao ver-se *vivo após a morte;* outros podem ter sofrido traumas profundos devido a acidentes e doenças fatais.

A maioria das pessoas, quando morre, permanece em um estado chamado **parapsicose pós-dessomática.** Tais consciexes enfermas agem como se ainda tivessem um corpo humano.

Em muitos casos, as ex-conscins teimosas e imaturas não aceitam abrir mão da vida humana, apegados a bens, pessoas ou hábitos arraigados. Alimentam monoideísmos ou ideias fixas, inarredáveis de sua pensenidade. Assim, por opção pessoal, não se permitem experimentar novas realidades e sofrem durante meses, anos, séculos ou milênios. Não abrem espaço mental para dialogar com as consciências amparadoras.

Pela afinidade pensênica, a manutenção desse padrão patológico vincula a consciência aos milhões de consciências extrafísicas enfermas habitantes da Baratrosfera. E ali elas ficam, até optarem por mudar seu padrão pensênico e, consequentemente, mudar de dimensão.

De maneira similar à maioria das consciências deste Planeta, os intermissivistas já viveram na Baratrosfera e em algum momento decidiram reciclar sua pensenidade. Com esta nova frequência pensênica lhes foi possível estabelecer uma conexão junto às consciências extrafísicas assistentes, resultando em seu resgate e encaminhamento às comunidades extrafísicas de transição.

As comunidades extrafísicas de transição são ambientes terapêuticos compostos por inúmeras consciências, setores, áreas de assistência. Milhares de consciências são assistidas para depois serem conduzidas a novas etapas existenciais.

Determinadas comunidades extrafísicas assemelham-se às cidades intrafísicas para ajudar na adaptação das ex-conscins em tratamento. Estas consciexes podem inclusive desenvolver rotinas similares às humanas, como estudar e trabalhar.

No momento oportuno as consciexes recuperam informações a respeito de sua última existência e compreendem sua realidade extrafísica. Esse contexto é individualíssimo e ocorre de acordo com o ritmo e fôlego de cada consciex.

Quando as consciexes superam o trauma da morte biológica e passam pela segunda dessoma, conseguem descartar as energias densas do energossoma e adquirem lucidez extrafísica, alcançando relativo equilíbrio holossomático. De acordo com as experiências anteriores, o temperamento e o perfil assistencial, elas podem se interessar em aprender, estudar e ajudar outras consciências. Chegam então aos Cursos Intermissivos.

No atual momento do Planeta, bilhões de consciências extrafísicas estão longe da lucidez extrafísica. Depois da dessoma, habitam os *lixões* extrafísicos e *guetos* sombrios da Baratrosfera, por ainda estarem presas aos próprios dramas e conflitos íntimos. Uma quantidade menor de consciências mais predispostas é conduzida para os atendimentos terapêuticos em para-hospitais. E uma *microminoria* chega aos Cursos Intermissivos.

O tempo de vida extrafísico, assim como na intrafisicalidade, varia de acordo com cada um. Há relatos de pessoas vítimas de morte prematura, a exemplo de acidente, que ressomaram pouco tempo depois para continuar a viver junto ao mesmo grupo de convívio. A rigor, os intermissivistas passam, em média, 10 a 25 anos na dimensão extrafísica, em preparação nos Cursos Intermissivos.

Com a evolução, tanto a vida extrafísica quanto a vida humana tornam-se mais complexas e, por isso, há a necessidade de uma *intermissão prolongada,* de dezenas ou centenas de anos. Esta condição avançada objetiva o atendimento das demandas extrafísicas de assistência e a preparação minuciosa da programação existencial vindoura.

Mas, e a consciência? Vive para sempre nesse ciclo de renascimentos e mortes?

Há um fim da seriéxis para a consciência após milênios de evolução. Quando as experiências foram suficientes para o amadurecimento da personalidade integral, sobretudo com o domínio dos atributos do psicossoma, níveis avançados de pacificação íntima e serenidade são alcançados.

A **terceira dessoma** ocorre uma única vez na evolução da consciência, quando ela descarta, para sempre, o psicossoma. A partir deste momento ela não mais terá vidas humanas.

Nesta fase evolutiva a consciência descarta o corpo físico *(soma),* o corpo energético *(energossoma)* e o corpo emocional *(psicossoma),* passando a utilizar unicamente o corpo mental *(mentalsoma)* e a viver nas *dimensões mentaissomáticas.* Em Conscienciologia, estas consciências são denominadas *Consciexes Livres* e continuam seu processo evolutivo sob condições até o momento não investigadas.

Esses temas são estudados a fundo nos Cursos Intermissivos. Ao revisar o passado, os conflitos e desafios em cada etapa evolutiva, a consciência marca na intraconsciencialidade o Princípio da Serialidade Existencial de modo irremovível.

Durante os ensinos intermissivos, a futura conscin analisa profundamente o Princípio das Seriéxis, tendo como prioridade o estudo de caso da autobagagem holobiográfica.

QUESTÕES PARA AUTORREFLEXÃO:

1. **Convicção.** Qual o nível de aceitação *racional e serena* de sua realidade pluriexistencial? Quais *proveitos evolutivos* vem você tirando com a *autocomprovação teática* da teoria das múltiplas vidas?

2. **Ancoragem.** Como se dá a sua *ancoragem íntima* à vida humana? Você compreende a fugacidade dessa existência e prioriza a *autocentragem* na programação existencial ou ainda alimenta apegos escravizantes e ectopias conscienciais?

3. **Seriexologia.** Como vem você estudando o *background paragenético* pessoal? As experiências retrocognitivas têm lhe auxiliado na retificação de posturas fossilizadas e no *upgrade* evolutivo?

ꟸ Capítulo 05 ꟹ

Vivência de Ideias Inatas

*"**Hiperacuidade.** Vivência de inspirações iluminadoras (ideias inatas) sobre o próprio destino, a carreira pessoal (proéxis), ou a vida humana em si (seriéxis)."*

O *quinto* trafor abordado no Teste do Intermissivista refere-se à vivência de ideias inatas.

Tais *ideias inatas* são a essência ideativa extrafísica vincada no microuniverso da conscin intermissivista afim aos princípios e valores evolutivos. Este conjunto de pensamentos e sentimentos funciona ao modo de *imprinting* ou indicador cosmoético para, ao ressomar, auxiliar na rememoração dos *para*-aprendizados e fixar a responsabilidade quanto aos compromissos proexológicos firmados em parceria com os colegas da paraprocedência cursista.

O intermissivista traz consigo esse conjunto de ideias da dimensão extrafísica, ao renascer. Por isso, elas são consideradas *inatas*.

Muitos definem as ideias inatas como a intuição acachapante, a certeza íntima do que é necessário ou não ser feito. Em momentos existenciais críticos são sinal de alerta moral contundente e difícil de ser ignorado. Tais ideias libertárias vinculam a conscin à sua realidade extrafísica, reforçam as lições hauridas pelas *neo*vivências intermissivas e a levam ao encontro da proéxis pessoal.

A ideia da existência de **múltiplas dimensões** é natural para o(a) intermissivista.

As ideias e sentimentos inatos sobre as pararrealidades são naturalmente trazidos à memória desde a infância e tornam-se usuais na adolescência quando a conscin intermissivista, em processo de adaptação ao novo soma, sente saudade de ambientes familiares, porém nunca vistos (paraprocedência cursista) e de amigos que nunca lhe foram apresentados (ex-colegas de classe e compassageiros evolutivos). Não raro, a conscin sente falta *dela mesma,* de um ego em condição de adultidade e maturidade extrafísica ainda não alcançada na atual vida humana.

Dependendo do perfil e do temperamento, a *nostalgia quanto à multidimensionalidade* pode funcionar ao modo de *senha de resgate* das experiências paraeducativas pré-ressomáticas (autorretrocognições do Curso Intermissivo), gerando automotivação para o aprimoramento parapsíquico e a autoconscientização multidimensional.

Por outro lado, para a conscin portadora de instabilidades emocionais mal resolvidas, a *nostomania* advinda da abstinência da realidade extrafísica pode acarretar quadros patológicos de inadaptação intrafísica, a exemplo da *Síndrome do Estrangeiro* (Balona, 1998). O indivíduo nesta condição tende a isolar-se da sociedade, pois se sente diferente das pessoas ao seu redor. Balona afirma que esse "sentimento de irrealidade e estranheza em relação à vida humana, vivido pelo portador da Síndrome do Estrangeiro, reside no esquecimento temporário de sua *origem extrafísica*" (1998, p. 24).

Para os intermissivistas atilados, a *saudade da volitação* e a carência das energias conscienciais dos ex-colegas extrafísicos ainda tornam-se secundárias frente ao incômodo causado pelo embotamento consciencial inevitável ao restringimento biológico. Portanto, o ideal é o intermissivista investir no desenvolvimento do parapsiquismo para acessar dados da holomemória pessoal e recuperar cons magnos o quanto antes, pois as lições da *extrafisicalidade passada* destinam-se à consecução dos projetos evolutivos na *intrafisicalidade do aqui-agora-já*.

Cons magnos, ou megacons, são as unidades de lucidez mais nobres da consciência, adquiridos no ápice da lucidez extrafísica.

Na escola da vida humana, a consciência só apreende de fato os neoconceitos intermissivos ao aplicar as* ideias inatas *no combate incansável às autotendências estagnadoras.

Às vezes o intermissivista possui a *convicção intuitiva* de a dimensão física ser somente uma entre milhares de dimensões conscienciais. Tal realidade torna-se irrefutável ao acessar os ambientes extrafísicos pelo fenômeno da *projeção da consciência*. A partir de uma única experiência projetiva lúcida o intermissivista atesta para si a multidimensionalidade vivida. Ele, enquanto individualidade, transcende a matéria, a genética, o cérebro e os demais componentes da máquina humana.

Outra *ideia inata* comum ao intermissivista é a *Cosmoética,* ou moral cósmica, que envolve normas de retidão nas inter-relações com as múltiplas dimensões e consciências. Tem como princípio basilar a máxima *"que aconteça o melhor para todos"*.

O senso de **cosmoética** é um dos valores inatos típicos do(a) intermissivista.

A autoconsciência teática sobre a Cosmoética se reflete no estilo de vida autoincorruptível e no empenho pessoal quanto à honestidade, dignidade e integridade na convivência multidimensional, com racionalidade e sem pieguices.

O indivíduo consciente quanto à ética universal entende o valor de seu exemplo cosmoético no dia a dia. Suas ações impactam de modo contundente no meio em que está. Dessa maneira, certas atitudes imaturas, aceitas na sociedade, não são compatíveis com sua manifestação. Essa convicção tem relação com outra ideia inata, o *Princípio do Exemplarismo Pessoal (PEP):* buscar ser exemplo de maturidade consciencial em todas as ocasiões e com todas as pessoas.

A ética humana da sociedade patológica é, amiúde, inferior à cosmoética *inata* do intermissivista. Porém, após a ressoma, a conscin refém do restringimento intrafísico precisa estar atenta para não ser levada pelo *roldão das patologias* e corromper-se quanto aos próprios valores evolutivos.

Na busca da autocoerência a solução é o autoenfrentamento sincero das autocorrupções, incluindo os pecadilhos mentais mais sutis, visando o desenvolvimento da *incorruptibilidade.* Tal postura auxilia a conscin a desvencilhar-se dos instintos comuns à intrafisicalidade materialista. *Quem investe tempo e energias para tirar vantagem dos outros está longe de entender a Cosmoética.*

Segundo Vieira (2013, p. 3.171), apenas o fato de a pessoa admitir a existência da Cosmoética já evidencia, de certo modo, a sua participação em algum Curso Intermissivo. Logicamente, também é indício de maior compromisso proexológico.

No Curso Intermissivo, a consciência estuda a moral cósmica, multidimensional, além das leis e da moral humana, e cria para si um *Código Pessoal de Cosmoética.* Na vida humana, a rememoração dessas cláusulas a guiará em seus posicionamentos e a auxiliará na evidenciação das omissões e autocorrupções a serem superadas.

A Cosmoética está ligada às leis de causa e efeito do carma. As ações desencadeiam reações no Cosmos, gerando processos de interprisão, libertação ou mesmo de estagnação evolutiva.

Estas normas de retidão em nada se assemelham à *moral religiosa* imposta através de dogmas presentes nos livros sagrados e tidos como *verdades absolutas*. Elas dependem *unicamente* do nível de discernimento da própria consciência, e vão refinando-se com o passar das experiências no ciclo multiexistencial.

O intermissivista, não raro, desperta a atenção por onde vai devido ao seu nível de comoética acima da média.

A aplicação da ética universal *mexe com os brios* da consciência, pois coloca em choque os *instintos de bicho* e o seu *discernimento máximo*. Se por um lado as chamas dos desejos, carências e ambições inúteis estão vivas dentro do indivíduo, prontas para serem levadas a cabo a qualquer *deslize moral*, por outro lado o *toque* da cosmoética aplicada é a *campainha de alarme* da razão, que *alerta a memória* do intermissivista sobre sua ética. Ele compreende a necessidade de tais posturas imaturas serem *cortadas no osso*, de imediato, para evitar o *after effect* das interprisões grupocármicas.

As *ressacas morais* demonstram que *nem tudo que parece bom nos faz bem*. A autocorrupção ocorre quando, em conflito cosmoético *evidente*, avançamos o sinal vermelho, seguindo pelo caminho dos impulsos do animal humano.

Um dos exemplos mais significativos do intermissivista é a aplicação da ética multidimensional nas mais diferentes situações. A lisura dos posicionamentos, a honestidade das atitudes, a incorruptibilidade incontestável e o estilo irrepreensível *dentro e fora de casa* são desafios traçados nos Cursos Intermissivos a serem cumpridos no cotidiano.

O intermissivista *não é* um sujeito *moralmente perfeito*, mesmo porque a perfeição inexiste. Porém, sua predisposição para a vivência da cosmoética o faz buscar *errar menos,* destacando-se para além da mediocridade social.

Em um mundo cujos comportamentos *subumanos* ainda são, infelizmente, a conduta-padrão, a conduta-exceção do *autoexemplo cosmoético* é o melhor ensinamento, fazendo do intermissivista uma referência de maturidade no grupo de convívio. Com esta postura, o indivíduo pratica a *tares – tarefa do esclarecimento –* pela força moral de suas ações.

Os Cursos Intermissivos ensinam, na prática, a vivência do **Universalismo.**

Outro campo de ideias inatas está relacionado ao *universalismo.* Este é o senso íntimo de integração harmônica real com todos os seres e realidades multidimensionais existentes no Cosmos, resultantes do abertismo neofílico e da convivialidade pacífica, além do *mundinho* pessoal (V. Cap. 10).

O universalismo é um atributo consolidado na convivência sadia com diferentes grupos conscienciais. Em ambientes distintos, a consciência pode desenvolver o valor e o respeito às opiniões contrárias, aprendendo com as diferentes técnicas de viver de grupos familiares, culturais e étnicos.

As consciexes detentoras de elevado patamar de maturidade, coordenadoras e professoras dos Cursos Intermissivos, são exemplo real de universalismo avançado para o intermissivista.

Algumas características naturais da conscin universalista são o interesse em interagir e aprender sobre novas realidades (neofilia); a curiosidade sadia quanto às diferentes culturas, idiomas e nacionalidades; a Geografia, a Sociologia, a Astronomia, dentre outros. Não raro, a conscin intermissivista tem a tendência ao cosmopolitismo, motivando-se não somente às viagens para diferentes países, mas também ao desenvolvimento parapsíquico para investigação do universo extrafísico.

O primeiro sinal do senso de universalismo na prática aparece nos momentos de conflitos interpessoais, quando a conscin torna-se exemplo cosmoético de respeito às diferenças pelo esforço sincero para compreender o ponto de vista alheio, buscando o consenso, o pacifismo e o melhor para todos. O desprendimento em fazer concessões superavitárias evidencia o exercício autêntico do *binômio admiração-discordância:* apesar da divergência de ideias ser natural aos debates e discussões, o que perdura é a admiração pelo outro, suas qualidades e potenciais.

A conscin universalista tem maior facilidade em vivenciar a multidimensionalidade, pois é curiosa e aberta a neorrealidades. As experiências parapsíquicas avançadas transformam a maneira de o indivíduo ver o mundo, cortando fronteiras, preconceitos, corporativismos, fanatismos, fundamentalismos, segregacionismos, nacionalismos cegos e demais posturas defensoras do *egão* e do próprio *bairro*.

Dentro da pesquisa das ideias inatas, um dos aspectos mais presentes na pensenidade do intermissivista é a necessidade de vivenciar a *interassistência*. A manifestação do *senso de fraternidade* na ex-consciex intermissivista ressomada é ideia inata. Não raro, desde a infância, esse traf*or* impacta positivamente os familiares e os pares na escola.

O termo ***inter*assistência** é mais adequado pelo motivo da assistência madura ser via de mão dupla: somos assistentes e assistidos a todo momento.

Em sua obra *100 Testes da Conscienciometria*, Vieira (1997, p. 82) afirma que a criança já começa a mostrar seu potencial intermissivo dos 2 aos 5 anos de idade.

Há casos de crianças proativas no auxílio a colegas com dificuldades de aprendizagem ou problemas de saúde, buscando inclusive fazer companhia às crianças solitárias e deslocadas. Às vezes tais ações mal são percebidas pelos professores e parentes, pois a criança não comenta com ninguém por julgar natural, ou mesmo para evitar *comentários vaidosos* dos pais.

Na adolescência, o intermissivista pode apresentar naturalmente um pensamento crítico em relação ao mundo, à política, cidadania, solidariedade e bem-estar social, e assumir o propósito de contribuir com tarefas de assistência voluntárias. Neste período há o início, não raro inconsciente, da fase preparatória para o cumprimento da programação existencial.

O intermissivista adulto em plena consecução da programação existencial não dissocia sua vida pessoal da interassistência. Tem o intuito de, em meio aos seus afazeres, buscar o burilamento das inter-relações e contribuir com a melhoria dos ambientes onde está através da qualificação pensênica. Empreende seus esforços para ser agente de renovação onde estiver, sobrepujando as patologias íntimas pelos esforços contínuos. A liderança multidimensional o torna ponto de referência para conscins e consciexes na *interassistência avançada.*

O **intermissivista** não é uma pessoa qualquer. Possui qualificações e aportes extrafísicos acima da média humana.

Ao refletir acerca de suas ideias inatas, a consciência poderá ter inspirações a respeito da *invulgaridade* pessoal ou suas características únicas, originais. No caso da personalidade intermissivista, a invulgaridade é manifestada pelos talentos evolutivos. *Inexistem consciências idênticas.*

Devido às tarefas proexológicas *extra*ordinárias do intermissivista, este compreende intimamente a impossibilidade de se chegar ao completismo existencial sem a manifestação da singularidade pessoal. Ele sabe que, se reprimir os traf*a*res para *esconder seus furos,* a manifestação plena dos traf*o*res também será bloqueada, resultando em subnível existencial incoerente à consecução da proéxis.

Um modo simples de você identificar suas tendências inatas singulares é, a partir da observação do grupocarma familiar (genética), elencar os traços, potencialidades e atributos manifestados por você que *nenhum* dos demais componentes da família (pais, irmãos, tios, primos, avós) apresenta. Dessa maneira é possível confirmar quais traços têm relação com a sua paragenética e não com características herdadas.

Na sociedade é comum reprimirmos ideias e sentimentos *em nome da boa educação.* Sendo impossível *agradar a Gregos e Troianos,* acabamos frustrados por perder tempo moldando papéis de acordo com o que é *esperado de nós* pelo grupo. O inconveniente desse mau hábito está no dispêndio de energias e na perda de vitalidade pelo bloqueio da autoexpressão natural. *Mostrar quem somos e o que pensamos de fato demanda confiança, segurança e coragem.*

Com o passar dos anos e a recuperação de cons da ex-consciex intermissivista, torna-se comum a expressão das idiossincrasias da paragenética e singularidades evolutivas pessoais nas escolhas das amizades maduras, da profissão, do lazer produtivo e até dos relacionamentos afetivos. Tudo *de caso pensado,* com vistas à evolução e ao amadurecimento consciencial.

A *autopesquisa* é uma das ideias inatas dos Cursos Intermissivos cuja aplicação possibilita a recuperação de cons. *Se o intermissivista não se conhece, como saberá definir suas prioridades, objetivos e meios de realizar a sua proéxis?*

A curiosidade para descobrir quem somos, de onde viemos, para onde vamos e o que fazemos aqui é a base da **autopesquisa** consciencial.

A ignorância quanto aos atributos e talentos inviabiliza a criação da estrutura necessária para a execução dos projetos intermissivos. A compreensão de si transforma a linha de conduta frente à vida, funcionando ao modo de *profilaxia das automimeses conscienciais,* ou repetições automáticas de posturas e ações retrógradas.

A bagagem pré-ressomática expressa nas ideias inatas são a *mão na roda* para, desde a fase preparatória, alinhar o indivíduo à programação existencial. Para isso, o *desenvolvimento energoparapsíquico* potencializa o *reacesso parassináptico,* ou recuperação dos cons intermissivos. Esse tema será abordado no capítulo seguinte.

O INVENTÁRIO DAS PRÓPRIAS IDEIAS INATAS PODE SINALIZAR TENDÊNCIAS DA ESPECIALIDADE INTERMISSIVA E AUXILIAR O PESQUISADOR NO ALINHAMENTO DA *BÚSSOLA PROEXOLÓGICA.*

Questões para Autorreflexão:

1. **Infância.** Quais são as suas ideias inatas mais remotas? Havia, em seu âmago, algum questionamento íntimo sobre a vida, a evolução e o Universo?

2. **Bagagem.** Quais temas, no âmbito da Conscienciologia, mais o intrigam, instigam ou inspiram? Tais temas têm relação com possíveis ideias inatas?

3. **Valores.** Existem valores pessoais dos quais você não *abre mão?* São eles temas avançados e fruto dos aprendizados intermissivos?

ഇ Capítulo 06 ന്ദ

Automotivação para o Desenvolvimento Energético

*"**Automotivação.** Automotivação espontânea para pesquisas e desempenhos de práticas energéticas e parapsíquicas beneficentes ou assistenciais."*

O *sexto* traço-força apresentado no Teste do Intermissivista refere-se ao empenho da conscin para aplicar as suas energias e parapsiquismo em tarefas assistenciais.

A *automotivação para o desenvolvimento energético* é a vontade decisiva para a conquista de competências energossomáticas potencializadoras das percepções extrassensoriais, a partir da criação de rotinas produtivas focadas nas práticas bioenergéticas e parapsíquicas.

É natural ao egresso de Curso Intermissivo demonstrar, desde cedo, certa curiosidade a respeito da bioenergética, ou manifestar parapsiquismo inato. Não raro, a criança ou adolescente apresenta interesse por assuntos relacionados à *paranormalidade,* jogos parapsíquicos (contato com "fantasmas" e habilidades sobrenaturais) e filmes sobre a multidimensionalidade.

Além do processo lúdico e da familiaridade por estes assuntos, o jovem poderá interessar-se pela assistência parapsíquica, participando de grupos que desenvolvam práticas energéticas, doação de energias, fenômenos parapsíquicos, projeção consciente e outros. Este senso investigativo pode ser indicador das ideias inatas presentes no microuniverso consciencial.

Com o tempo, a necessidade de encontrar os colegas do grupo evolutivo e ambientes otimizadores das pesquisas energoparapsíquicas pode levar o intermissivista a tornar-se um *buscador-borboleta,* conhecendo, pesquisando e experimentando diversas linhas do conhecimento filosófico-religioso da Humanidade, aqui e acolá. Porém, a manutenção dessa condição *ad eternum* não é a ideal por manter a consciência na superficialidade ou na *dermatologia* de sua intraconsciencialidade.

O **parapsiquismo** do(a) intermissivista tende a ser mais sofisticado e complexo do que o das conscins em geral.

A perseverança destemida no desenvolvimento parapsíquico é um dos megatraf*o*res do intermissivista. Dentro da proéxis, o domínio das energias conscienciais pelo autoesforço é parte relevante das prioridades desta existência. A assistência mais necessária ocorre por intermédio das energias. Mas, como isso se dá na prática?

As bioenergias são intrínsecas à realidade humana. As interações entre os indivíduos são, em primeiro lugar, energéticas. O entendimento da bioenergética é tema corrente nos Cursos Intermissivos.

Muitas conscins experimentam pressão incomum em certos lugares ou ao conversarem com determinadas pessoas. Sentem desânimo, mal-estar, tontura, bocejos contínuos e náuseas. Do mesmo modo, relatam profundo bem-estar no contato com ambientes e pessoas distintos. Tais sensações, positivas ou negativas, decorrem da *troca de energias* feita naquele momento.

As energias dos ambientes e das pessoas podem ser simpáticas, mas também antipáticas. Por isto, a sustentabilidade do energossoma ajuda o indivíduo a lidar com as pressões holopensênicas e vampirizações energéticas comuns à *ditadura dos miniassédios* desta vida energética.

Os **miniassédios** são quadros de mal-estar resultantes de acoplamentos energéticos inconscientes, frutos de desorganização mental e desconhecimento das bioenergias.

A maioria das conscins e consciexes ligadas ao Planeta Terra produz e sofre *auto* e *heteroassédios* devido ao seu nível de autodesorganização e por padecer de enfermidades conscienciais diversas.

O *assédio* é um termo derivado do Latim *absedius* ou *obsidium,* que significa *cerco, cilada.* Essa ação é desencadeada a partir de uma intrusão consciencial, pelo *pensene:* uma ideia doentia, perturbadora, pode monopolizar o microuniverso consciencial da conscin e deixá--la emocionalmente desequilibrada ou energeticamente esgotada.

Chamamos *autoassédio* quando esse padrão pensênico doentio parte de nós mesmos, ou seja, há uma intoxicação com os próprios pensamentos, sentimentos e energias desequilibradas. Tal situação ocorre, por exemplo, ao alimentarmos pensamentos auto ou heterodepreciativos de qualquer natureza, ou desqualificarmos nossa intencionalidade nas interações diárias.

Quando isso acontece e não realizamos uma *ação corretiva* para a renovação pensênica, acabamos por nos afinizar a consciências extrafísicas de padrão de pensamento similar. Elas se aproximam de nós e, através de um *acoplamento energético,* produzem o *heteroassédio:* influenciam patologicamente nossa pensenidade *já desorganizada pelo autoassédio.* O resultado dessa interação doentia impacta de imediato o objeto de nosso pensamento (indivíduos, grupos de pessoas) e o ambiente onde estamos.

Talvez você, leitor ou leitora, já tenha experimentado a seguinte situação-problema: você está em seu trabalho, executando tarefas rotineiras. Está tranquilo, atento e equilibrado. Porém, quando é necessário desempenhar alguma tarefa desagradável, com pendências estressantes ou colegas difíceis de lidar, inicia-se mudança pensênica imediata, às vezes inconsciente.

Dentro de seu microuniverso, em silêncio, você pode começar a reclamar do trabalho, criticar os colegas, ou alimentar inseguranças quanto à sua capacidade para resolver aquela situação. Esse padrão pode começar a dominar seus pensenes, abrindo espaço para as consciexes doentias se aproximarem e promoverem uma intrusão pensênica.

Na condição de conscin-vítima, você logo pode tornar-se mais irritadiço, descontente, aborrecido, insatisfeito com o trabalho e consigo. Pode apresentar desconforto físico, dores de cabeça, pressão na nuca, enjoos e diarreia súbita. As energias esgotam-se. Não raro, os colegas de trabalho evocados em seus autoassédios também são afetados de modo negativo, gerando *efeito dominó* patológico. Tais repercussões são comuns na cotidianidade das pessoas e grande parte delas nem percebe a dinâmica extrafísica relacionada às suas alterações físicas e mentais. Muitas vezes todo este processo ocorre em silêncio, sem uma única palavra verbalizada.

Qual seria o modo de enfrentar os assédios? Na realidade, os fatos evidenciam que *todo assédio começa com o autoassédio.* As consciexes patológicas acessam nosso campo energético porque, de algum modo *abrimos as portas* para elas entrarem. O padrão desequilibrado dos nossos pensamentos e a falta de autodefesa energética possibilitam o acoplamento energético assediador.

Muitas instituições esotéricas, místicas e religiosas estudam o tema da assedialidade interconsciencial. Porém, adotam modos de "combate aos assediadores" um tanto ingênuos e ineficazes, pois ao utilizarem velas, amuletos, cristais, crucifixos, talismãs, balangandãs e demais penduricalhos da sorte, acreditam que um simples objeto ou ritual possa eliminar a influência patológica de uma ou mais consciências. *Há assediadores inteligentes e altamente perspicazes.* A prática eficiente do autodesassédio demanda renovação pensênica somada à mudança de frequência das próprias energias.

Desse modo, a automotivação do intermissivista para o desenvolvimento energoparapsíquico envolve a *reflexão autocrítica, a qualificação dos pensamentos e sentimentos* e a *mudança de padrão energético* para lidar com a realidade extrafísica e as consciexes com os mais variados tipos de patologias.

A saída é o investimento na qualificação da própria pensenidade, evitando alimentar quaisquer sentimentos negativos em relação aos outros e a si próprio. Isto não significa viver um *mundo de Pollyanna*, onde tudo é perfeito, sem o uso da criticidade. As auto e heterocríticas relevantes, expostas com franqueza e no *momento certo* são antídotos para os assédios. A questão séria está na omissão das críticas e na *ruminação mental patológica* por horas, dias, meses e anos, alimentando uma cadeia energética tóxica à pessoa-alvo do assédio. Em síntese, *a primeira ação no caminho para o autodesassédio eficaz é não se tornar assediador dos outros ou de si mesmo.*

Diversos cursos e atividades pedagógicas das Instituições Conscienciocêntricas oferecem uma gama de técnicas para auxiliar o pesquisador interessado na alavancagem do parapsiquismo e do autodomínio das energias, a exemplo do EV.

O **EV** é a chave-mestra para o desenvolvimento energético e parapsíquico.

O *Estado Vibracional (EV),* fenômeno desencadeado a partir da dinamização das bioenergias, é eficaz na manutenção do equilíbrio energossomático da conscin. Esta condição de autodefesa energética não tem contraindicações; pode ser instalada por qualquer pessoa ao perceber acoplamentos energéticos negativos, ou mesmo ao estar em ambientes com padrões de toxidade energética. A técnica para a instalação do EV consiste nos seguintes passos:

Primeiramente, fique em pé, com os braços estendidos ao longo do corpo, e relaxe. Depois, através de um comando mental, concentre as suas energias no topo da cabeça. O objetivo é reunir grande quantidade de energia nesta região, ao modo de bolsão energético.

Em seguida, mobilize estas energias até os pés, lentamente, fazendo uma varredura através de todos os órgãos do seu corpo. Quando suas energias chegarem aos pés, faça o movimento inverso, direcionando as energias para o alto da cabeça.

Ao direcionar o fluxo das energias para cima e para baixo você instalará um circuito contínuo. Intensifique este circuito, pouco a pouco, até alcançar a máxima velocidade possível. Após alguns minutos de circulação bioenergética incessante você instalará o *Estado Vibracional.* O EV acontece quando suas energias se dinamizam ao máximo.

Muitos descrevem o EV como uma explosão vibratória em todo o corpo, ou sensações agradáveis de calor, frio, leves agulhadas, sensação de dormência, euforia, satisfação, dentre outros. A intensificação das energias repercute de maneira diferenciada de acordo com a fisiologia de cada um.

O atributo indispensável para a prática do EV é a *volição.* O autodomínio das energias torna-se inviável sem o emprego da vontade pessoal, da constância e da dedicação. A *vontade inquebrantável* é ferramenta potencializadora das energias.

O Estado Vibracional funciona ao modo de enxágue energossomático, desbloqueando nós energéticos e potencializando a livre circulação das energias por todo o corpo. A aplicação desta técnica gera bem-estar, vitalidade e a autoblindagem frente às energias nocivas gravitantes. Com as práticas, o EV também proporciona a soltura das energias, potencializando o parapsiquismo e capacitando a pessoa interessada nos processos de experimentação multidimensional.

Para alcançar o domínio razoável das bioenergias e a manutenção de padrão energético equilibrado, a prática desta técnica é indicada, no mínimo, 20 vezes ao dia, nas mais diversas circunstâncias.

Mesmo sozinha e em silêncio, a consciência pode contribuir com o Universo empregando suas energias qualificadas. A pensenidade hígida auxilia na higienização dos ambientes.

De acordo com a Conscienciologia, uma das técnicas energoparapsíquicas de maior impacto interassistencial a ser desempenhada pela conscin motivada é a Tarefa Energética Pessoal ou *tenepes*. Esta técnica avançada de doação de energias, apresentada na obra *Manual da Tenepes* (Vieira, 1995), consiste na exteriorização de energias equilibradas, diariamente, por 50 minutos, em um mesmo horário e local, sem a presença de outras conscins, com a supervisão de consciência extrafísica amparadora, visando o desassédio e a assistência às consciências carentes, de maneira anônima.

Para desempenhar essa tarefa, é necessário profundo conhecimento da técnica, de suas repercussões multidimensionais e, sobretudo, apresentar o domínio das próprias energias conscienciais. A opção em tornar-se *tenepessista* demanda reflexão, discernimento, estudo,

Todo intermissivista caminha para, um dia, tornar-se **tenepessista.**

desassombro parapsíquico e planejamento técnico, pois a tarefa é vitalícia: depois do início das práticas da tenepes, a dedicação a essa modalidade de assistência perdura *até o final da vida humana atual.*

A tenepes é uma espécie de *ambulatório extrafísico* instalado a partir das energias de uma consciência intrafísica. Os amparadores encaminham para a tenepes consciências extrafísicas ou mesmo conscins projetadas fora do corpo físico. Lá, elas são acolhidas, assistidas, orientadas e, dependendo do caso, conduzidas à comunidade ou ambiente extrafísico adequado.

A tenepes é universalista e libertária, não possuindo relação com nenhuma religião. As rezas, orações e o uso de quaisquer *muletas espirituais* são *totalmente dispensáveis* nas práticas da tenepes.

A **clarividência** é a faculdade de percepção visual das dimensões extrafísicas. Ocorre a partir da ativação do frontochacra, centro de energia localizado entre as sobrancelhas.

A conscin tenepessista, epicentro desse trabalho, participa ativamente através da doação de suas energias conscienciais, podendo perceber os atendimentos extrafísicos pela assimilação das energias dos assistidos, da clarividência, clariaudiência ou mesmo fora do corpo físico, em projeção consciente.

Pela **clariaudiência,** a conscin parapsíquica pode escutar os sons de ambientes extrafísicos e de consciexes.

Energias qualificadas são remédio. Ao interagir com as consciências em condição mais doentia, o padrão pensênico do assistente torna-se terapêutico e, de certa maneira, é assimilado ao modo de *mar de tranquilidade* ou alento pelo assistido.

Após algumas destas experiências parapsíquicas, a motivação para o autodesassédio e a sustentabilidade contínuas são sedimentadas, pois há a compreensão da assistência *na prática.* Ao comprovar os benefícios das energias às outras pessoas, o assistente torna-se cada vez mais motivado a investir na *homeostase holossomática* ou a condição de equilíbrio de todos os seus corpos.

A rigor, a tenepes é modalidade assistencial de alta relevância dentro dos projetos proexológicos do intermissivista. A interassistência universalista é condição inarredável para *mudança de patamar interassistencial* dentro da autoevolução.

Caso você tenha interesse em estudar e praticar a *Tarefa Energética Pessoal*, a obra *Manual da Tenepes,* de Waldo Vieira é leitura obrigatória.

Ter apenas boa intenção não qualifica o interessado para esta modalidade de *assistência profissional.* Lidar com o *rolo compressor dos assédios extrafísicos* demanda equilíbrio, técnica, manutenção de vida organizada e rotinas saudáveis.

Há contraindicações para as pessoas alheias ao tema parapsiquismo ou em processo inicial de desenvolvimento energético. Quem ainda não apresenta domínio relativo das próprias energias é vítima de assédios constantes. Nesses casos, o ideal é a conscin investir primeiramente no autodesassédio e na higiene consciencial.

A tenepes é contraindicada às pessoas com temperamento lábil e parapsiquismo descontrolado. A vivência da tenepes *não é* para os indivíduos ávidos por sensações humanas riscomaníacas e dominados pelos instintos, incapazes de abrir mão dos vícios do fumo, álcool e drogas. Pessoas com este perfil geralmente estão na posição de *assistidos* e não de assistentes.

A **tenepes** requer organização, disciplina e maturidade cosmoética por parte do(a) tenepessista.

Evidentemente, a prática da tenepes não é indicada para crianças. Quanto aos jovens ainda na fase de preparação da programação existencial e de assentamento da vida, tal prática pode ocorrer em raras exceções, pois a juventude é um período de instabilidades holossomáticas e mudanças naturais a quem esteja ingressando nos desafios da vida adulta. Neste caso, a opção pela prática da tenepes demanda maior afinco em termos de disciplina e auto-organização na condução da vida.

As técnicas evolutivas, ao modo das manobras energéticas e da tenepes, exigem do praticante investimento constante em autodesassédio, foco, ânimo e disposição, pois viver multidimensionalmente é *remar contra a maré* da robotização comum à sociedade humana. A aquisição de competências evolutivas não ocorre ao acaso. Demanda qualificação dos autodesempenhos com coragem e autodedicação para abertura de novos caminhos evolutivos, a partir da *lei do maior esforço*.

A energia é a moeda de troca da multidimensionalidade. Quem tem mais energia engole quem tem menos energia.

Para o intermissivista, o grande desafio é viver para atender não somente às necessidades intrafísicas com qualidade – estudo, profissão, autonomia econômico-financeira, interações sociais, dentre outros –, mas também cultivar uma vida multidimensional ativa e produtiva. Tudo em um só *pacote*. Como veremos no próximo capítulo, tais vivências parapsíquicas e multidimensionais não representam mais um motivo de preocupação para o intermissivista em seu dia a dia, mas sim verdadeiro fator de satisfação e pacificação íntima.

As** COMPETÊNCIAS ENERGOPARAPSÍQUICAS **NÃO SÃO APENAS TRAFORES, MAS FERRAMENTAS BASILARES PARA A REALIZAÇÃO DAS TAREFAS ASSISTENCIAIS PROGRAMADAS NA INTERMISSÃO.

Questões para Autorreflexão:

1. **Autodisposição.** Qual o grau de sua motivação para o uso de técnicas de autodefesa energética, sem depender de *santos, anjos, rituais, misticismos, crendices, talismãs* e demais *muletas psicológicas?* Você apresenta postura *proativa* na *performance* energoparapsíquica?

2. **Vontade.** Você já identifica as intrusões pensênicas de consciências extrafísicas patológicas? Qual o nível de sua *vontade* para superar as instabilidades energossomáticas pessoais?

3. **Assistência.** A assistência às demais consciências a partir de suas potencialidades energoparapsíquicas é fator de interesse pessoal? Você se encontra mais na condição de *assistente* (doador) ou de *assistido* (receptor) em seu dia a dia?

ꕥ Capítulo 07 ꕥ

Parapsiquismo Autopacificador

*"**Parapsiquismo.** Autopercepções anímicas e parapsíquicas esporádicas, porém convincentes e pacificadoras para si próprio."*

O *sétimo* trafor abordado no Teste do Intermissivista faz menção às parapercepções habituais vivenciadas pacificamente pela conscin.

Neste sentido, o *parapsiquismo autopacificador* é aquele cujas experiências multidimensionais, ao serem vivenciadas pela consciência intrafísica, trazem equilíbrio para o microuniverso consciencial de modo indubitável e indiscutível, dirimindo dúvidas pessoais e ampliando a autossegurança frente à bagagem parafenomenológica pessoal.

A rigor, todo indivíduo possui parapsiquismo porque este é atributo natural intrínseco à consciência. Porém, tais potencialidades paraperceptivas podem encontrar-se adormecidas em razão de bloqueios energéticos e emocionais, condicionamentos ou mesmo por estarem em processo de desenvolvimento.

Há quem possua sensações energoparapsíquicas que *passam batido* pela ausência de autopercepção quanto às sutilezas do parapsiquismo. Tais pessoas são popularmente chamadas de *cascas-grossas,* ou conscins antiparapsíquicas.

Muitos sensitivos apresentam certo nível de parapercepções sem, contudo, saber tirar proveito *evolutivo* de sua sensibilidade. Alguns têm medo da interação com as pararrealidades e se esforçam para bloquear tais experiências; outros sentem-se culpados e imaginam carregar um *carma negativo;* outros, ainda, se utilizam das potencialidades sensitivas tão só para colher benefícios pessoais e reconhecimento das pessoas à sua volta.

A proatividade pessoal nos esforços para o desenvolvimento do sensitivo chama-se *animismo,* condição indispensável para o autodomínio energoparapsíquico. Ao investir no desenvolvimento das energias e da projetabilidade lúcida, ao perseverar para a manutenção da homeostase holossomática e esmerar-se na qualificação pensênica, a conscin recebe *aporte parapsíquico* pelo amparo de função para incrementar as experiências multidimensionais. Desse modo, o desenvolvimento anímico-parapsíquico é a fórmula potencializadora do engajamento parafenomenológico.

Parafenômeno é a ocorrência parapsíquica singular, a exemplo da telepatia, clarividência e precognição.

Muitos intermissivistas relatam possuírem ideias inatas voltadas à condição do *parapsiquismo sadio,* ou o estudo e uso das parapercepções com equilíbrio, discernimento e cosmoética. No entanto, a consciência sofre poderosa influência do *corpo de bicho* ao renascer, estando sujeita aos instintos primitivos, aos hormônios, à dor e ao prazer, e também aos novos estímulos do meio social e cultural. Assim, a cada nova vida, é necessário reaprender a lidar com tais variáveis para não se desestabilizar.

Quando o indivíduo é predisposto à *ectoplastia,* a instabilidade natural da ressoma pode gerar certos tipos de vulnerabilidade parapsíquica, predisposição a acidentes, produção involuntária de fenômenos de efeito físico, contratempos e infortúnios repentinos, dentre outros.

A **ectoplastia** é a produção de energia densa conhecida por ectoplasma, substância presente nos fenômenos de telecinesia e bilocação.

A autopesquisa do parapsiquismo com lógica, critério e coerência não pode ser ignorada, pois auxilia e esclarece o indivíduo sobre as realidades extrafísicas e suas relações multidimensionais. Além disso, a dedicação ao *condicionamento energossomático* a partir de manobras energéticas é fator fundamental para a conquista do estado de equilíbrio da conscin em seu novo soma.

No âmbito da Parapercepciologia, o holossoma influencia e é influenciado nas interações cotidianas. Quando o seu campo de energia encontra outro, seja de uma conscin ou consciex, em ambiente intra ou extrafísico, há uma interferência nessa esfera energética pessoal de modo positivo ou negativo, impactante ou sutil. Estas repercussões são *sinais energéticos.* Muito além das intuições e inspirações, tais sinais são sensações refletidas no próprio corpo físico, em diferentes níveis de intensidade.

Os sinais energéticos são naturais às interações conscienciais. A pesquisa destas sensações é relevante porque cada sinal tem relação com determinado padrão pensênico. Um sinal pode expressar *ruído extrafísico* pacificador e confirmador do melhor caminho a ser seguido, ou uma *sirene lancinante* indicando atmosfera extrafísica turbulenta. Ao identificar certo padrão de sinais com maior frequência, a auto-observação atenta o auxiliará a decodificar os parafatos e realidades invisíveis a olho nu.

Os sinais energéticos são personalíssimos e diversos, e podem repercutir no holossoma de várias maneiras.

As repercussões mais comuns são arrepios no entorno da cabeça; vibrações no tímpano produzindo zumbidos, estampidos ou tamponamentos momentâneos do ouvido; puxões mioclônicos ou pequenos espasmos musculares; leves sensações de agulhadas em parte do corpo e banhos energéticos agradáveis, dentre outros. Os sinais energoparapsíquicos são passageiros e meros reflexos somáticos das interações multidimensionais.

Logo ao perceber um sinal pessoal, a técnica para decodificá-lo é o registro e posterior investigação. O autopesquisador pode se perguntar: Por que apresento este sinal agora? Como estou me sentindo? Houve alguma alteração de humor? Quais conscins e consciexes estão presentes no ambiente? Houve alguma influência extrafísica em meu padrão pensênico? Ocorreu algo relevante *após* a percepção do sinal?

O acúmulo de sinais energéticos associado ao seu significado traz rico *menu* de informações a respeito das relações multidimensionais. Esse conjunto de sinais identificados forma a *sinalética energoparapsíquica pessoal.*

A **sinalética** funciona ao modo de dicionário parapsíquico pessoal, traduzindo sinais energéticos percebidos em significados ou conteúdos decodificados.

Pessoas inexperientes associam sensações parapsíquicas agradáveis a presenças extrafísicas positivas, e impressões desagradáveis à atuação de assediadores extrafísicos. Contudo, são válidas a análise nua e crua dos fatos e parafatos e o registro sistemático de um sinal por dezenas ou centenas de vezes, para se chegar à conclusão confiável. *Nem tudo que reluz é ouro.*

A autocomprovação da sinalética e a convicção quanto ao significado dos sinais parapsíquicos é algo extremamente satisfatório, pois funciona ao modo de *parabússola intraconsciencial,* tornando o sensitivo mais seguro e confiante para tomar decisões. O entrosamento da intrafisicalidade e da extrafisicalidade nos possibilita visão de conjunto favorável aos posicionamentos críticos e ao enfrentamento das etapas da programação existencial.

De que modo a vivência do parapsiquismo pode ser pacificadora para o intermissivista?

O amadurecimento do parapsiquismo faculta ao sensitivo não só antever acontecimentos, mas compreender fatos sob uma perspectiva mais ampla e profunda. Alerta, está sempre um passo à frente em relação àqueles que só interagem com a dimensão material.

O emprego lúcido da sinalética energoparapsíquica possibilita ao intermissivista responder de modo mais ágil às intrusões de assediadores extrafísicos, adotando técnicas de autodefesa a exemplo do EV.

Assim, com o tempo e com a *expertise* parapsíquica, a conscin sensitiva tende a alcançar novo estágio evolutivo, no qual se torna imune aos assédios: a *desperticidade.*

Vieira (1998, p. 138) define a desperticidade como "a qualidade consciencial, evolutiva, do ser desperto (des + per + to), *des*assediado, *per*manente, *to*tal, plenamente autoconsciente da sua qualidade de desperticidade dentro das tarefas assistenciais às consciências".

O *ser desperto* é um indivíduo com ampla autossuficiência energética para, de maneira natural, lidar com as *intempéries conscienciais* pelo autodesassédio eficaz. Tal postura o mantém equilibrado, neutralizando a pressão energética e a interferência dos assediadores extrafísicos.

A condição da desperticidade pode ser conquistada em uma vida, a partir do estado de equilíbrio dos veículos de manifestação da consciência e pelo desenvolvimento energético. A higidez dos pensamentos, a estabilidade emocional e o domínio amplo do energossoma farão do ser desperto uma referência para as tarefas assistenciais em prol do equilíbrio das demais consciências. *É o mais saudável quem assiste o mais doente, e não o contrário.*

A desperticidade gera uma *refratariedade natural* às consciências assediadoras, incapazes de suportar o padrão da pensenidade equilibrada do ser desperto. Não há afinização energética entre os modos de funcionamento das duas consciências. Como resultado, os assediadores se distanciam, podendo ser acolhidos e assistidos pelos amparadores extrafísicos.

Outra modalidade assistencial possível a partir da desperticidade é o acolhimento à consciex assediadora na própria energosfera pessoal. O acoplamento entre as duas consciências é assentido com base na vontade do ser desperto, no intuito de fazer uma transmissão terapêutica de energias qualificadas à consciex patológica.

Simultaneamente, as energias das consciências doentes são assimiladas pelo assistente ao modo de *energodiálise.* A consciex assistida recebe as energias equilibradas do assistente, vivendo momentos de pacificação jamais experimentados, enquanto a conscin desperta assimila as energias doentias daquele assistido, recebendo uma amostra do *inferno mental* por ele sofrido, porém sem se contaminar.

Tornar-se um **ser desperto** é o megadesafio para a conscin intermissivista.

Uma das *cláusulas proexológicas inexoráveis* ao intermissivista no atual momento evolutivo é a conquista da desperticidade. O grande paradoxo da desperticidade é o fato de o desperto tornar-se um ser *mais assediado,* contudo sem sofrer com isso. Ele acolhe mais consciexes e assimila os desatinos dos assistidos, sem desestabilizar-se com o *repuxo* do *mar das patologias* conscienciais.

O *autodesassédio* contínuo inicia-se pela autovigilância pensênica e higiene mental. O *heterodesassédio* inicia-se pela mediação dos conflitos interconscienciais.

A sinalética parapsíquica desenvolvida, nesse caso, é a peça-chave do processo de auto e heterodesassedialidade.

A abertura da autodesperticidade demanda disciplina e dedicação nas rotinas para o *desenvolvimento bioenergético,* unidos à *autopesquisa* duradoura e à vivência da *interassistencialidade* multidimensional. Os esforços simultâneos nas três frentes podem resultar na conquista da desperticidade em *3 anos.*

No processo evolutivo, a vivência da desperticidade conduz a consciência a níveis mais profundos de pacificação íntima. O autodesassédio contínuo, aliado à vivência do parapsiquismo racional – sem emocionalismos, misticismos e fantasias – leva o indivíduo à qualificação de suas manifestações conscienciais.

As adversidades, analisadas sob o ponto de vista evolutivo, revelam outros matizes de entendimento, eliminando medos, receios, desconfianças e inseguranças. Consequentemente, a consciência torna-se mais otimista, menos rancorosa e mais proativa nas inter-relações.

Por exemplo, há relatos de experiências relacionadas a *aversões instintivas* que, sem motivo algum, corroem as relações e alimentam assédios extrafísicos. É o caso daquela pessoa cujo contato gera *faíscas de antipatia* à primeira vista, ou *recusa energética* imediata.

Ao deparar-se com tal pessoa, há duas possibilidades imediatas para manejar a situação: a primeira, imatura, é empenhar-se em alimentar tal repugnância automática e sofrer com os *calores* da relação tempestuosa; a segunda, mais inteligente, é investir na *re*construção de uma relação salutar.

Quando o indivíduo busca sinceramente a qualificação das relações, é possível recuperar informações a respeito dos vínculos passados e do motivo das interferências extrafísicas na convivência com a outra pessoa.

O investimento de esforços para *desatar os nós do passado* resulta na reconciliação e liberta não só as duas partes, mas também atua sobre o grupo de consciências intra e extrafísicas ligadas à dupla, auxiliando a afrouxar as amarras das interprisões grupocármicas coletivas.

No próximo capítulo veremos de que modo a vivência do parapsiquismo autopacificador se entrosa com as proéxis dos intermissivistas.

OS *FENÔMENOS PARAPSÍQUICOS* ***OCORREM A TODO MOMENTO PARA QUEM, COM DETALHISMO, ENTREVÊ AS SUTILEZAS DAS PARARREALIDADES E DELAS EXTRAI PROVEITO EVOLUTIVO MÁXIMO.***

Questões para Autorreflexão:

1. **Foco.** Como é a vivência diária do seu parapsiquismo? Você está atento(a) à multidimensionalidade ou é escravo(a) da matéria? O seu parapsiquismo lhe traz mais pacificação ou instabilidade?

2. **Saldo.** Qual o saldo de suas experiências parapsíquicas? Você identifica e aplica os sinais parapsíquicos personalíssimos? Há alguma vivência coadjutora na mudança de rota e alinhamento à programação existencial, trazendo maior satisfação íntima?

3. **Visão.** Qual a contribuição do parapsiquismo para o reconhecimento da sua realidade extrafísica? De que modo os fenômenos vivenciados o(a) têm auxiliado na ampliação da visão de conjunto a respeito de si?

ℵ Capítulo 08 ℵ

Programação Existencial

*"**Proéxis.** Intuições indefinidas, mas persistentes, sobre alguma tarefa existencial importante (proéxis) a ser realizada ou em franco desenvolvimento."*

O *oitavo* trafor do Teste do Intermissivista refere-se ao senso de a consciência possuir uma programação existencial nesta vida intrafísica.

Há indivíduos que, desde cedo, possuem um *senso de responsabilidade intransferível* para cumprir determinada missão ou projeto de vida. Isto, normalmente percebido de modo impressivo, é traduzido como a necessidade inarredável de contribuir para o bem-estar da Humanidade. Estas consciências podem ter uma *proéxis.*

A **impressão parapsíquica** é o *feeling* ou a noção abstrata de algo extrafísico, sutil, às vezes inefável, porém autopersuasivo.

A *proéxis,* ou *programação existencial,* é o conjunto de tarefas a serem desempenhadas na atual vida humana, planejadas no Curso Intermissivo sob a orientação de evoluciólogos, consciências mais lúcidas conhecedoras do grupocarma ao qual pertencemos.

Há uma relação intrínseca da proéxis com a intraconsciencialidade, os desafios a serem superados para desenvolver novos atributos, as autorretratações frente a grupos do passado e, sobretudo, com o uso dos talentos pessoais para as neocontribuições singulares em prol da evolutividade coletiva.

Toda proéxis é diferente e compatível com a capacidade do indivíduo de realizá-la. *Inexiste proéxis infactível.*

Os parafatos apontam que, no início deste Século XXI, o número de consciências interessadas na qualificação consciencial pelos Cursos Intermissivos ainda é mínimo. Por isso, nem toda conscin possui uma programação existencial planejada extrafisicamente de maneira lúcida, ao modo dos intermissivistas.

Hoje há muitas miniproéxis e poucas maxiproéxis. A *miniproéxis* é primária e egocármica, relacionada à pessoa em si e ao grupo mais próximo. Seu planejamento extrafísico não demanda tanto detalhamento, pois o alcance é *varejista.* É o caso das pessoas que ressomam para atender demandas ainda voltadas ao próprio ego e à defesa do *clã.*

A *maxiproéxis* é complexa por envolver não somente a pessoa e o entorno, mas também outros grupos com maior diversidade consciencial. Trata-se de uma tarefa mais abrangente e coletiva, cujo alcance é *atacadista.*

Dependendo do temperamento, o modo de o intermissivista lidar com as intuições da proéxis poderá ser pueril, fantasioso e ingênuo, ou mais maduro e realista, focado na elaboração e realização de metas. Por exemplo, é comum a ideia equivocada ou reducionista de a proéxis ser tão só sinônimo de carreira profissional.

Embora a escolha e o exercício de uma profissão seja *parte* dos projetos proexológicos, o mais sério é o modo de se utilizar as competências, trafores, inteligências e parapsiquismo em todos os segmentos da vida.

Há quem invista na profissão com dedicação durante a jornada diária de trabalho. Porém, fora das obrigações laborais vive existência medíocre, sem prioridades e em verdadeira ociosidade letárgica. Muitos desconhecem o que querem para si e fogem do autoenfrentamento através de irresponsabilidades afetivo-sexuais, rotinas desregradas, riscos adrenalínicos, abuso de álcool e drogas lícitas ou ilícitas, desperdiçando as próprias energias. *O mau uso do soma é suicídio lento.*

Um dos desafios do intermissivista é conjugar a **motivação,** o **trabalho** e o **lazer** em seus hábitos e rotinas.

Há determinadas áreas profissionais de fato nocivas para a humanidade, pois vão contra os princípios cosmoéticos do Universo. A inserção profissional "promissora", contudo *antievolutiva,* pode ser a *algema de ouro* que leva a consciência a entrar no mundo dos mega-assediadores, prejudicando pessoas e piorando o seu saldo holocármico.

Infelizmente, quando isto acontece, os amparadores não têm outra alternativa senão *abandonar o barco,* deixando a consciência seguir seu caminho, antípoda ao fluxo interassistencial do Cosmos.

Vieira (2013, p. 8.928) esclarece que há profissões evitáveis pelas consequências interprisiológicas. Dentre elas estão as profissões de agiota, atirador de elite, caçador, enólogo, jóquei, lobista, padre ou pastor e prostituta. Há *profissões antiproéxis.*

Ao envolver-se com profissões de base *antiassistencial,* o funcionário dedicado, por vezes bem intencionado e ingênuo, torna-se prestador de serviço dos assediadores, sofrendo *efeitos-rebote* aparentemente sem relação alguma com a profissão. Nestes casos, parece que tudo *dá para trás* sem motivo aparente.

Aos empreendedores, vale a pena pensar bem antes de eleger a área de atuação dos negócios. Lojas de armas (belicismo), distribuidoras de bebidas, *liquor stores,* bares e tabacarias (alcoolismo e tabagismo), lojas de caça e pesca (antissubumanidade) e *boutique* de casacos de pele (antizooconvivialidade), dentre outros, podem gerar efeitos deletérios em cadeia, apertando os *nós das interprisões* com quem talvez você nem tenha convivido diretamente nesta vida.

Os autoesforços direcionados com inteligência minimizam os *refluxos interprisiológicos do passado,* qualificando a ficha pessoal.

Em termos cronológicos, a proéxis divide-se em duas fases: a *preparatória* (do nascimento aos 35 anos de idade) e *executiva* (dos 36 anos em diante).

Na fase preparatória a consciência está em processo de adaptação ao soma e sofre as pressões do seu *porão consciencial.* Essa é a fase dos estudos e da capacitação para a escolha da profissão.

Até a adolescência, predominam instintos primitivos, atitudes destrutivas e ações impensadas pelo discernimento incipiente comum à puberdade. Esta fase é chamada de **porão consciencial.**

Na fase executiva a conscin adulta pode então dedicar-se às tarefas profissionais e pessoais com mais afinco e em consonância com a proéxis.

Cada fase demanda priorizações específicas para alinhar a consciência à consecução da proéxis.

Ao recuperar cons intermissivos, a consciência poderá aplicar técnicas potencializadoras da realização da proéxis. Duas destas técnicas são valiosas para a *aceleração evolutiva:* a invéxis e a recéxis.

A *invéxis* é a técnica da *inversão existencial.* Quando falamos nesta técnica, pensamos em *antecipação da aplicação da maturidade consciencial.* A invéxis começa desde cedo.

Às vezes, a criança ou adolescente intermissivista não quer perder tempo e decide dinamizar a vida visando à consecução da proéxis desde a juventude. Em casos assim, a invéxis é a técnica ideal a ser aplicada pelo intermissivista até os 26 anos de idade (maturidade biológica). A técnica, criada nos Cursos Intermissivos, fornece subsídios para a evitação dos *mata-burros* comuns à juventude e uma base sólida de princípios cosmoéticos alinhados aos valores intermissivos.

O desafio para o *inversor existencial* é investir esforços para o seu patamar de consciencialidade mais avançado irromper na dimensão humana, o mais cedo possível. Isto significa trabalhar duro para sobrepujar a força da genética, dos hormônios, das inseguranças e imaturidades, em benefício da coletividade.

O intermissivista não renasceu para ficar ao sabor do vento, ou no *dolce far niente*. **Proéxis** não combina com apatia, preguiça, acomodação e *boavidismo*.

Ao assumir existência fundamentada na intelectualidade produtiva e parapsiquismo assistencial, o inversor evita seguir as *consignas sociais* impostas pelos tradicionalismos castradores de sua autonomia consciencial: recusa o casamento convencional, optando pela formação de uma dupla evolutiva; sobrepaira o *mito da maternidade* dispensando a gestação de filhos e priorizando as gestações conscienciais; abstem-se do envolvimento anticosmoético com holopensenes antagônicos ao livre pensar – religiões, misticismos, modismos baratrosféricos e demais patologias psicossomáticas. Embora a tarefa-desafio da invéxis apresente lógica evolutiva inegável ao inversor, nem sempre é compreendida pelo grupo de convívio. Daí a necessidade de o inversor manter o *jogo de cintura* para priorizar a proéxis, mas com diplomacia e sem alienações infantis.

O inversor existencial precisa investir mais energia do que os demais para manter-se focado nas prioridades evolutivas. Sem auto-organização, disciplina e maturidade nas decisões, o jovem tende a seguir o fluxo das patologias comuns à idade.

Nem toda consciex admitida nos Cursos Intermissivos aceita finalizar a preparação para a ressoma, abortando seus estudos e desqualificando-se para a proéxis vindoura. Da mesma forma, nem toda conscin intermissivista consegue alcançar o completismo da proéxis. Por isso, desvencilhar-se das cangas sociais regressivas e fazer da atual existência uma técnica de evolução é desiderato do intermissivista. O empenho incessante é necessário para evidenciar o seu quilate dentro da *máquina cerebral restringidora* e frente às pressões mesológicas – família, amigos, sociedade e cultura estagnadores.

PODEMOS ENCONTRAR** JOVENS GÊNIOS, **PORÉM REFÉNS DO CORPO BIOLÓGICO E DA MESOLOGIA, CONVICTOS DE NÃO TEREM NADA A APRENDER OU A ENSINAR, POR PURO RESTRINGIMENTO.

A *recéxis*, ou *reciclagem existencial*, é a segunda técnica de aceleração evolutiva. Esta *nova ciclagem* da vida humana acelera a realização das cláusulas da programação existencial. Em geral, o reciclante existencial é aquela pessoa com maior *quilometragem* ou experiência de vida que, em determinado momento, compreende estar em desnível com seus objetivos evolutivos e decide *virar a mesa* com vistas à dinamização da proéxis.

O *reciclante* normalmente já criou responsabilidades naturais no decorrer da existência, às vezes tendo se vinculado a conjunturas antievolutivas, anticosmoéticas, *coleiras do ego* e condicionamentos incoerentes com o seu atual nível de maturidade.

Entretanto, também é possível ao adolescente ou jovem optar pela aplicação da técnica da recéxis devido ao reconhecimento de laços ou compromissos inalienáveis, ou mesmo de atitudes incongruentes aos valores evolutivos comprometedoras de sua *liberdade de expressão e ação* para com determinados grupos de consciências.

A opção pela técnica da invéxis ou recéxis é de *foro íntimo.* Somente você, através da autoinvestigação e do estudo exaustivo de cada uma das técnicas, poderá concluir qual delas mais o auxiliará no alcance do completismo existencial. Ambas as técnicas possuem pré-requisitos e evitações. Por isso, a pesquisa da bibliografia conscienciológica especializada é condição primordial.

A conscin intermissivista não pode se dar ao luxo de perder tempo e oportunidades existenciais. Por isso, cabe a ela otimizar sua **técnica de viver**.

Após a desativação do corpo físico, a *menção honrosa* será conferida àqueles intermissivistas cujo saldo das realizações tenha sido notável e exemplar, *independentemente* da técnica evolutiva aplicada.

O intermissivista não veio para ficar nos bastidores do teatro da vida humana, *abanando moscas.* Precisa reconhecer seus méritos, traf*o*res e conquistas da Ficha Evolutiva Pessoal, bem como estar consciente dos rastros anticosmoéticos do passado. Sua alta capacitação extrafísica e inteligência evolutiva lhe conferem grande responsabilidade. É preciso *mostrar a que veio.* Viver em *férias existenciais,* sem comprometimentos maiores, pode levar a conscin a perder o *timing* da proéxis. Os companheiros evolutivos irão adiante, tornando os desafios muito mais difíceis para quem ficou na retaguarda.

Todo intermissivista é líder. É necessário *crescer e aparecer,* intra e extrafisicamente. A aplicação cosmoética dos talentos pessoais nas relações interpessoais cotidianas e na assistência extrafísica às vítimas do passado é fator positivo de aceleração pessoal, levando à liberação das interprisões grupocármicas.

O intermissivista ativo está no *front da batalha* e naturalmente chama a atenção com as próprias energias.

Aliás, a liderança sadia é atributo primário para o cumprimento das cláusulas proexológicas e o intermissivista precisa traduzir os aportes intermissivos em criatividade, inovação e empreendedorismo, ventilando *novos ares* em seus ambientes de atuação. A liderança madura vivenciada poderá culminar no desenvolvimento do *epicentrismo consciencial.*

O **epicon** é o *epicentro consciencial*, um líder multidimensional, referência em assistência para conscins e consciexes pelo uso do parapsiquismo lúcido e cosmoético.

O intermissivista destaca-se em diversas áreas devido aos múltiplos talentos, chamando a atenção de todos ao redor. São comuns as *chuvas* de propostas *irrecusáveis* para todo tipo de projeto. Por isso, o ideal é alinhar os empreendimentos às cláusulas da proéxis. Com o tempo, as propostas evolutivamente maléficas são facilmente identificadas e descartadas. O desafio não é mais a economia de males, mas sim a *economia de bens:* eleger, dentre muitos projetos benéficos, qual a *primeira prioridade.*

No decorrer da vida humana existem aspectos fundamentais a serem priorizados simultaneamente, pois permitem maior capacidade de atuação ao intermissivista nas frentes de trabalho da proéxis.

O primeiro deles é a *independência econômico-financeira.* A autonomia financeira é ponto imprescindível para a vida. Toda proéxis tem um custo e o intermissivista é um *self-made man* por natureza. Desse modo, a auto-organização desde cedo auxiliará na aquisição do *pé-de-meia* e evitará problemas críticos que possam forçar a interrupção prematura de tarefas na fase executiva da programação existencial, inviabilizando o completismo existencial.

Na sociedade intrafísica ainda há a visão míope de que, para dedicar-se à assistência, é necessária a *abnegação aos bens materiais.* Fruto da religião, a *síndrome de São Francisco* não coaduna com o perfil realista, arrojado e *prafrentex* do intermissivista.

Os autoesforços proexológicos demandam alto grau de organização pessoal. O ideal é, desde cedo, buscar a independência econômico-financeira para não se tornar *parasita* de terceiros.

Nessa dimensão, não há outra saída: o investimento na carreira profissional, no planejamento de uma vida confortável e na formação do *pé-de-meia* são prioridades para a consciência atenta à proéxis.

O patrimônio adquirido possibilita à conscin viver sem vacilação, longe do holopensene perdulário associado às dívidas e pendências financeiras. Com isto, ela ganha autonomia para *ir e vir,* utilizando seus bens de modo sadio.

Estando financeiramente organizada, torna-se viável à conscin dedicar as energias ao mais prioritário: a realização da proéxis. Quem vive no *miserê* não apresenta automotivação interassistencial. A aplicação da *inteligência financeira* é item essencial nas proéxis dos intermissivistas.

Outro aspecto importante é o *estilo de vida saudável.* Apesar de o soma ser apenas um corpo perecível, é a maior ferramenta de trabalho da consciência em favor da evolução, nessa dimensão humana.

O cuidado com o soma é necessidade básica de qualquer indivíduo e torna-se fator basilar para as autorrealizações do proexista, dada a importância do corpo humano para o cumprimento das cláusulas da proéxis.

A conivência da sociedade humana com atitudes antissaúde tende a gerar numerosos engodos. Por exemplo, é comum às pessoas ignorarem sua saúde quando jovens porque *têm toda a vida pela frente* e, ao envelhecerem, tornarem-se inválidas devido aos atos inconsequentes dos tempos que já vão longe. Ou, ao seguirem os modismos de sua época, envolverem-se em experiências ditas "saudáveis", *queimando a vela da vida pelas duas pontas,* como é comum aos esportistas radicais, *ratos e ratazanas* de academia e até mesmo aos *workaholics* e *net-dependentes.*

O planejamento do intermissivista abarcou o uso do soma com zelo, priorizando a saúde e a proteção do corpo físico. Assim, a evitação do sedentarismo e da vigorexia, o cuidado com a alimentação e a eliminação de quaisquer vícios como cigarro, álcool e drogas, são condições essenciais desde a juventude.

A longevidade é um item de pesquisa nos Cursos Intermissivos. De que adianta preparação extrafísica minuciosa se a conscin não respeita o soma e o descarta prematuramente? Se você não sabe cuidar de si, não terá a capacidade para assistir os outros. É necessário estar em forma para *suar a camisa* da proéxis.

Viver o momento e nada mais pode resultar inclusive na dessoma prematura e em séculos de autofrustrações para a consciência intermissivista. Nas existências seguintes, o amargor da decepção pelas falhas crassas e omissões deficitárias cometidas no passado podem gerar processos inconscientes de autoassédio e dificultar a automanifestação completa da personalidade, gerando bloqueios psicossomáticos por inseguranças, baixa autoestima e sentimentos de menos-valia.

O terceiro ponto basilar é o desenvolvimento afetivo-sexual sadio a partir da formação de uma *dupla evolutiva.* Arrimo valioso para o intermissivista, a priorização de relação madura, duradoura, monogâmica e sem promiscuidades potencializa os feitos pessoais. O(a) parceiro(a) duplista pode ser, inclusive, um(a) ex-colega de Curso Intermissivo com projetos afins.

O *modus operandi* da dupla evolutiva é fundamentado na *intercooperação* para a execução da proéxis conjunta e não no atendimento aos estereótipos sociais (formação da prole e aquisição de bens para a família). Os projetos em comum visam a ampliação do potencial assistencial do casal.

A *tridotação consciencial* é mais um aspecto de alta relevância para a consecução da proéxis. Este conceito conjuga três talentos cujo desenvolvimento concomitante é considerado prioritário na dimensão humana: a *intelectualidade,* o *parapsiquismo* e a *comunicabilidade.*

Muitas conscins são monodotadas. Algumas são bidotadas. Porém, poucas são **tridotadas** consciencialmente.

A *intelectualidade rica* auxilia o indivíduo na qualificação do seu raciocínio, ponderação, reflexão, discernimento e demais atributos mentais, ampliando o dicionário cerebral.

Para poder posicionar-se na *contracorrente* e sobreviver em meio às ameaças da mesologia, o estudo, a leitura, a análise, a pesquisa, o pensamento crítico e a produção intelectual são necessidades básicas. Muito além da *indispensável* formação acadêmica, ganha mais quem prioriza o *autodidatismo,* buscando a erudição pela cultura vasta em diversos campos do saber.

Por outro lado, é necessária a atenção aos *mata-burros* da polimatia à conscin imatura. A vaidade pelos saberes adquiridos torna-se atraso de vida ao indivíduo *teoricão,* pois 1% de teoria somente é evolutivamente útil quando aliado a 99% de prática.

O *parapsiquismo* útil é um valioso aporte da consciência. O desenvolvimento maduro das percepções extrassensoriais promove maior entrosamento com o amparador de função, resultando em inspirações valiosas para a realização da proéxis. O intermissivista experiente já vivencia diversos fenômenos, a exemplo do acoplamento energético, assimilação e desassimilação simpática das energias, clarividência e projeção consciente, dentre outros. Tais fenômenos são potencializados nas tarefas de assistência.

A *comunicabilidade* sadia é poderosa ferramenta de interação com as demais consciências. O intermissivista necessita falar e transmitir suas ideias para a sociedade. *Pouco adianta saber muito e falar pouco.* O proexista líder busca desenvolver suas habilidades de comunicação em alto nível, porém sem arrogância, manipulações e seduções anticosmoéticas.

O escopo de toda proéxis envolve a *lei evolutiva da interassistencialidade,* ou seja, a ajuda, o auxílio e o amparo às demais consciências e princípios conscienciais. Ser partícipe e colaborador das vitórias alheias é grande exercício de fraternidade, e gera efeito halo para a evolução grupal.

O patamar assistencial a ser alcançado na programação existencial depende do gabarito da consciência. Em *miniproéxis,* ser o arrimo assistencial ao grupo consanguíneo e afins é prioridade máxima.

Já nas *maxiproéxis* dos Cursos Intermissivos avançados, além da assistência à família e entorno, a consciência delibera a si mesma distintos diapasões de cooperação, acessando maior número e diversidade consciencial possível com seus talentos e aptidões. A atuação nas áreas de educação e saúde é, por natureza, atividade assistencial, em prol da coletividade.

A conquista de posição, prestígio e poder não é meta para a conscin intermissivista. Daí a importância do **voluntariado** solidário e tarístico.

Em termos assistenciais, o Terceiro Setor oferece uma gama de ações em favor da sociedade, acessível a qualquer interessado. O *trabalho voluntário* proporciona conjunturas favoráveis à solidariedade quando tratado de modo profissional, possibilitando contribuições sociais expressivas. Do mesmo modo, a escolha do tipo de voluntariado e a análise da organização com a qual atuará, sua missão e objetivos, é imprescindível. *A ingenuidade pode aniquilar a boa intenção.*

A assistência é desencadeada ao doarmos algo nosso para o outro: energias, atenção, conhecimento, dinheiro, experiência, afeto. Assim, é válida a reflexão sobre a qualidade do que temos doado às demais consciências, levando em consideração os aportes recebidos na existência.

Há conscins capazes de fazer mais, porém sempre reclamando *de barriga cheia*. Nestes casos, a terapia indicada é a da *assistência sem retorno:* auxiliar os demais sem exigir nada em troca. Tal técnica conduz a consciência à superação do *Homo sapiens umbilicus* e à vivência altruísta do *Homo sapiens benevolens*.

Uma técnica para avaliar se você, leitor ou leitora, está cumprindo a proéxis, é *fórmula da retribuição pessoal* (Vieira, 1998, p. 31 e 32). Primeiro, anote todos os aportes recebidos da vida, a exemplo da educação, o suporte da família e das amizades, oportunidades de destino, dentre outros. Em segundo lugar, anote as realizações pessoais, na prática, em retribuição à Humanidade.

A **árvore da vida** do intermissivista precisa gerar frutos evolutivos para ele e para a Humanidade.

Se o saldo for superavitário, você está a caminho do completismo da proéxis. Porém, se o saldo for deficitário, há omissões e pendências a serem resolvidas.

As *gestações conscienciais* são os frutos evolutivos deixados pela conscin em prol do Universo. As obras, invenções, empreendimentos, soluções, inovações, criações e produções intelectuais o fazem instrumento útil para a coletividade.

O intermissivista veio para agitar positivamente a sociedade, trazer contribuições inéditas, mobilizar e aglutinar pessoas afins e doar o seu quinhão ou parcela de assistência às consciências. O investimento extrafísico na capacitação intermissiva somado aos aportes recebidos gera benefícios grupais na consecução da proéxis.

Dependendo do caso e do mérito pessoal, ao final da vida, se a consciência ainda não tiver completado as tarefas da proéxis, poderá receber a *moréxis (moratória existencial)*. Esse tempo extra de vida possibilitará o término dos compromissos acordados.

O** COMPLÉXIS* ***OCORRE COM A REALIZAÇÃO DAS CLÁUSULAS DA PROÉXIS, SENDO FATOR DE BEM-ESTAR E EUFORIA ÍNTIMA PELO SENTIMENTO DE DEVER CUMPRIDO, VIVENCIADO APÓS A DESSOMA.

Questões para Autorreflexão:

1. **Convicção.** Você possui a convicção de ser responsável pelo cumprimento de alguma tarefa existencial importante? Qual seu nível de auto-organização e disciplina para executá-la?

2. **Diretrizes.** Quais temáticas comuns às proéxis avançadas dizem respeito a você? Quais ferramentas você já possui e quais lhe faltam para colocar tais diretrizes em prática?

3. **Retribuição.** Qual o saldo entre seus *recebimentos* e *doações?* O que tem feito para retribuir as benesses proporcionadas pela vida?

ꕤ Capítulo 09 ꕤ

Autorretrocognições Sadias

*"**Autorretrocognições.** Autorretrocognições lógicas, coerentes, definidoras, enriquecedoras. As retrocognições doentias compõem o catálogo de nossas auto-omissões."*

O *nono* traf*o*r elencado no Teste do Intermissivista diz respeito à vivência de autorretrocognições sadias.

A *autorretrocognição sadia* é o acesso a memórias de vivências passadas, sejam elas de existências humanas ou extrafísicas, quando a consciência se manifestava antes do momento atual, desencadeada com o auxílio de *consciências extrafísicas amparadoras.*

Frequentemente chamadas de regressão ou lembranças de vidas passadas, as retrocognições ainda são vistas com desconfiança ou ingenuidade. Ambas as posturas prejudicam o estudo técnico e sistemático do fenômeno que, para ser de fato confirmado, demanda investigação crítica.

Este fenômeno sempre causou *frisson* nas mais diversas culturas e períodos da História da Humanidade, tornando-se inclusive ferramenta de poder e manipulação de outras consciências. No entanto, tal experiência é intrínseca ao indivíduo e todos podem vivenciá-la com a aplicação de técnicas e o desenvolvimento das parapercepções.

É importante ressaltar a importância da postura científica de investigação das experiências retrocognitivas. Certas imagens mentais podem ser resultado de onirismo, devaneios, efeito de drogas, álcool e medicamentos, ou mesmo pura imaginação. Como profilaxia de autoenganos, a condição ideal para comprovar a fidedignidade de uma retrocognição é a rememoração de vários episódios relacionados à mesma existência anterior. Com o estudo minucioso das peças do *puzzle* de uma retrovida específica é possível chegar a conclusões realistas quanto à autenticidade ou inautenticidade da retrocognição.

Um dos principais objetivos evolutivos das **retrocognições sadias** é o alinhamento da existência às cláusulas proexológicas.

O fenômeno ocasiona a ampliação do comprometimento pessoal através do reconhecimento do patamar de autocognição real. Há conscins vivendo com os mesmos vícios, acomodações e patologias cristalizadas há séculos. Por isto, a retrocognição útil é uma *solução inteligente* porque impõe novo ritmo à vida do indivíduo. Gera *stress* renovador a partir da hiperlucidez a respeito da própria pessoa, do que ela fez – ou deixou de fazer – e de que modo irá traçar os caminhos futuros.

Muitos imaginam o processo da retrocognição como um filme: uma tela se abre na sua frente e você assiste, na condição de expectador, o desenrolar de cenas em ambientes antigos. Porém, diversas outras modalidades de autorretrocognição ocorrem frequentemente e podem ser desvalorizadas pelo pesquisador. É importante ressaltar que pessoas, ambientes, locais, objetos e inclusive aromas podem funcionar ao modo de agentes retrocognitivos.

Fernandes (2013, p. 6.931) afirma que as retrocognições podem ocorrer, por exemplo, ao modo de intuições claras sobre o passado em momentos de reflexão; sensações de familiaridade com determinado local quando em viagem internacional; *re*conhecimento de pessoas do atual grupo de convívio através de sincronicidades; constatação de padrões de comportamento muito particulares e similares ao perfil pessoal ao estudar obra biográfica de personalidade antiga, dentre outros.

As lembranças retrocognitivas podem evocar momentos carregados de emoção. Situações críticas, perdas afetivas, acidentes e dessomas, cujo impacto psicossomático é maior, ficam fortemente vincadas na holomemória. Por isso, é comum ouvirmos relatos de experiências retrocognitivas infelizes, relacionadas a traumas passados.

Nesses casos, a personalidade precisa considerar que o *passado passou*. Ao focar no presente-futuro, ela impõe sua força de vontade e energias para superar tais frustrações.

As pesquisas retrocognitivas são produtivas quando analisadas sob o ponto de vista mentalsomático e com o emprego do autodiscernimento máximo. *Obsessões lacrimogênicas* quanto ao passado contribuem somente para o desequilíbrio emocional, podendo levar a conscin ao *fundo do poço* do autoassédio. A ideia fixa retrocognitiva pode inclusive atrair assediadores que, até então, desconheciam o atual paradeiro de sua vítima do *passadão*.

Levando esses fatos em consideração, qual seria então o benefício de se ter uma retrocognição?

A autorretrocognição *sadia* é patrocinada por amparadores e possui função educativa. Este fenômeno pode auxiliar o intermissivista a não cometer os mesmos erros do passado, evitando a saída dos trilhos evolutivos e o desperdício de oportunidades, recursos e talentos valiosos na atual proéxis.

Ao nos lembrarmos de uma existência passada compreendemos melhor nossa essência consciencial. Não raro, podemos nos ver em época, país e situação sociocultural distinta, mas com atitudes similares às de hoje.

Como resultado, ampliamos a autopercepção do temperamento, tendências, traços multisseculares ou multimilenares, independentemente do *zeitgeist* das múltiplas existências.

A retrocognição sadia também pode funcionar como fator de ampliação da *visão de conjunto* em relação a determinado grupo de pessoas, com o objetivo de qualificar o trabalho em desenvolvimento.

A conscin poderá rememorar uma vida recente de sucessos e méritos, cujo completismo existencial serviu de trampolim para o ingresso ao Curso Intermissivo.

A retrocognição, nesses casos, pode ser patrocinada pelas consciências extrafísicas preceptoras para auxiliar a conscin a *dar um basta* no marasmo evolutivo através de *impactoterapia* cosmoética. *O desconforto ainda é ferramenta propulsora da consciência.*

A **impactoterapia** é procedimento terapêutico de ponta, desencadeado pela tares, que atiça os neurônios e gera crise de crescimento imediata.

O registro e análise das experiências retrocognitivas podem passar pela dissecção das características intraconscienciais manifestas no passado em contraponto com as atuais. Quais as similitudes e pontos antagônicos? Quais façanhas do passado impõem maior responsabilidade evolutiva hoje? Qual o saldo daquela retrovida em comparação ao presente? Quais foram os erros e, diante disso, o que é possível fazer agora para acertar mais?

É comum encontrarmos intermissivistas com intelectualidade profícua e excelente comunicabilidade, porém com o desenvolvimento parapsíquico ainda deficitário. Devido à falta de habilidade com as energias, ainda há um caminho a ser percorrido para a recuperação dos cons intermissivos.

Porém, mesmo sem a vivência do fenômeno parapsíquico *per se* é possível acessar, intuitivamente, as linhas gerais das cláusulas acertadas antes da ressoma. A consciência possui, de maneira ínsita, os *gatilhos retrocognitivos* a serem avivados em condições propícias.

Os amparadores aproveitam as oportunidades possíveis para *soprar,* instruir e inspirar a conscin no intuito de facilitar a sua reconexão à paraprocedência cursista. Desse modo, é válido investigar com afinco toda e qualquer experiência evocativa da intermissão, ao modo das 4 vivências a seguir:

Os **amparadores** podem ter sido nossos ex-colegas de intermissão, otimizando as retrocognições do Curso Intermissivo.

1. **Leitura.** Ao ler livro com temática interessante, a conscin pode *ficar mexida* ou impactada com determinada ideia apresentada. Sua curiosidade aumenta e ela fica com *a pulga atrás da orelha,* intrigada com o assunto e ávida por aprender mais. Nesse caso, é possível que o interesse em escolher este livro tenha sido despertado por uma inspiração extrafísica.

2. **Curso.** Ao participar de determinado curso, a conscin pode sentir intenso *banho de energias* quando o professor ou colega de classe aborda um assunto específico. A possibilidade nesta situação é que os próprios amparadores tenham patrocinado a sinalética energética para ratificar a relação do aluno com o tema discutido.

3. **Conversa.** Ao *bater papo* com amigos, a conscin pode perceber a expansão instantânea dos atributos mentais, compreendendo assunto complexo com extrema facilidade. Aqui, é possível que o *holopensene* de

Holopensene é o conjunto de pensamentos, sentimentos e energias de um local, época ou fato.

debate seja evocativo do Curso Intermissivo, gerando sinergismo e consequente sintonia mentalsomática.

4. **Des*conhecido*.** Alguém pode sentir imensa familiaridade com determinada pessoa apresentada há poucos minutos, cuja conversa prolífica estimula suas melhores qualidades mentaissomáticas.

O **dejaísmo** ou *déjà-vu* é a sensação de já ter visto, ouvido ou conhecido certa pessoa, local, ideia ou circunstância. Este fenômeno parapsíquico tem relação com a retrocognição.

Os reencontros com ex-colegas participantes dos Cursos Intermissivos podem gerar reconhecimento energético instantâneo. Tais sincronicidades podem fazer parte do planejamento proexológico do grupo evolutivo, cujas tarefas pessoais e coletivas estão inter-relacionadas.

Em todos estes casos, vale pensar: quais ideias me chamaram a atenção? Qual a minha relação com o tema? Como posso entender este assunto mais profundamente? Qual a ligação entre a minha proéxis e a dos colegas com os quais tenho maior afinidade?

Em termos de autorretrocognição sadia, uma das experiências mais enriquecedoras à conscin intermissivista é a rememoração do último período intermissivo, especificamente do Curso Intermissivo mais recente do qual foi participante. Este *bônus retrocognitivo* explicita para a conscin seu real potencial, superior ao manifestado pelo indivíduo intrafisicalizado. Ao familiarizar-se com *sua melhor versão,* a conscin confronta-se e desencadeia reciclagens marcantes.

A retrocognição intermissiva oportuniza o acesso ao planejamento pré-ressomático, quando a consciex hauriu neoinformações avançadas e planificou a atual vida humana. O esclarecimento de dúvidas pessoais das cláusulas proexológicas com as quais havia se comprometido amplia a visão de conjunto da personalidade e potencializa a recuperação de cons.

Tendo estes elementos, a conscin poderá eleger novas prioridades afins às metas planificadas em seu Curso

Intermissivo. Tais dados são pertinentes para o direcionamento da programação existencial. *Tão importante quanto ter a retrocognição é saber o que fazer com tais lembranças.*

Em uma *retrocognição intermissiva,* o impacto das energias do holopensene avançado do Curso Intermissivo e de seus participantes traz à conscin sensação marcante de pertencimento ao maximecanismo avançado, um incontestável senso de comprometimento assistencial e automotivação para a vivência teática e sincera do altruísmo puro. O fato mais relevante decorrente de tal vivência é a predisposição para atuar como amplificador lúcido da consciencialidade a partir das próprias ideias, energias e bagagem pessoal de experiências.

Em termos de casuística pessoal, esta autora vivenciou as seguintes etapas de *retrocognição sadia pré-ressomática,* com o acesso holomnemônico à raiz (materpensene) do Curso Intermissivo pessoal, relatadas a seguir, em primeira pessoa:

No ano de 2003, quando morava no Rio de Janeiro, tomei a iniciativa pessoal de *sair do acostamento evolutivo* pelo enfrentamento dos desafios antes ignorados. Essa postura sinalizou aos amparadores a oportunidade de atuação extrafísica para me auxiliar nas reflexões e reciclagens necessárias.

Em 21.04.2003 fui aluna de um curso para qualificação da docência conscienciológica. Lá, a leitura útil de temas relacionados ao Curso Intermissivo unida à autorreflexão despojada me possibilitaram interação mais profunda com as consciexes preceptoras.

Circunspecta e profundamente centrada na autopesquisa, estudei meticulosamente cada questão do Teste do Intermissivista, anotando minhas conclusões.

Os amparadores extrafísicos passaram a inspirar ideias avançadas, expandindo a minha compreensão do tema. Iniciou-se o processo de reavivamento mnemônico do holopensene intermissivo.

A atividade seguinte do curso foi um exercício bioenergético intenso de aproximadamente 30 minutos. Com tranquilidade íntima e predisposição mental, busquei dedicar-me com firmeza à expansão das energias. Essa postura foi o *input* para ampliar as parapercepções. A interfusão energética com a equipe extrafísica de amparadores se intensificou.

Meus sentidos se amplificaram. Senti alteração de temperatura, com ondas de calor e rápida expansão das energias. O ambiente intrafísico diluiu-se e a sensação da forma do meu corpo humano desapareceu. As parapercepções tornam-se presentes com intensidade, sinalizando descoincidência holossomática.

A partir desse momento me percebi ciceroneada pelos amparadores e levada ao encontro de *velhos amigos,* em ambiente extrafísico cujo holopensene de maxifraternidade *transbordava aos borbotões.*

As ideias e sentimentos avançados foram compreendidos em bloco, trazendo-me sentimento de bem--estar inenarrável. O pensamento de todas as consciexes era acessado livremente. Ali, inexistiam julgamentos ou críticas negativas.

Para aquelas personalidades, o meu valor enquanto consciência sobrepujava quaisquer traf*a*res ou imaturidades pessoais. Eu era percebida por elas através de um viés traf*o*rista que eu mesma desconhecia. O respeito e a confiança pairavam, inabaláveis, no ar.

Por meio de paratécnicas didáticas, o fenômeno das Reurbanizações Extrafísicas me foi apresentado. Na minha frente visualizei um bolsão extrafísico de milhões de consciências doentes e carentes de assistência. Este grupo se contrapôs a outro, infinitamente menor, de consciências *menos doentes,* do qual eu fazia parte, voltado à assistência aos demais.

Ao localizar-me, surpresa, neste pequeno grupo de consciências mais predispostas à evolução, o *gap* entre meus potenciais latentes e o subnível assistencial manifesto no cotidiano ficou *escrachado.* Nada me foi dito, mas tudo foi entendido. A partir daí, conceitos como universalismo, interassistência e maxifraternidade foram assimilados por mim, de imediato, em novo patamar de profundidade.

O senso de responsabilidade íntima ampliou-se de modo proporcional à automotivação de superar a defasagem pessoal para tornar-me minipeça ativa dentro do maximecanismo evolutivo.

Após tal experiência fui conduzida a uma comunidade extrafísica. Olhei ao redor e observei o ambiente aprazível, ao ar livre. O sol brilhava no céu azul. Um conjunto de sensações suscitou reconhecimento energético imediato, e concluí estar de volta ao meu ambiente domiciliar extrafísico, ou paraprocedência.

A retrocognição intermissiva nos leva temporariamente de volta à nossa **procedência extrafísica,** possibilitando o acesso ao Curso Intermissivo.

Havia muitas pessoas no local, de várias idades. Visualizei ex-colegas de assistência e grupos de assistidos. Muitos me reconheciam e me saudavam animadamente. Esses grupos possuíam uma característica em comum: estavam vinculados ao holopensene da educação consciencial. Foi ali que compreendi a relação desse materpensene com o veio proexológico da minha atual vida humana.

O experimento bioenergético foi finalizado. Ao retomar a atenção à dimensão intrafísica, todas as informações estavam vívidas na memória. A intensidade das vivências criaram neossinapses e vincaram novo patamar evolutivo a ser conquistado. Esse fato desencadeou a reperspectivação de meus objetivos para reposicionar-me dentro da maxiproéxis grupal.

Tal vivência, aqui exposta didaticamente para exemplificar o tema, extrapolou quaisquer experiências parapsíquicas anteriores, servindo como propulsora de reciclagens pessoais em momento crítico, eliminando, de imediato, padrões de insegurança e acomodação evolutiva instalados, e definindo novos rumos.

Do ponto de vista das prioridades evolutivas, é importante identificar, pelas autorretrocognições, os *paravincos intermissivos* (Vieira, 2014, p. 381 a 383). No período intermissivo, durante a preparação para a nova vida humana, a consciência intermissivista estudou, junto ao parapreceptor, um tema ou ideia marcante, essencial e urgente. Este conceito, vincado na memória, é o *leitmotiv* ou raia principal a ser seguida para a conquista de novas etapas evolutivas.

É provável que este paravinco intermissivo esteja relacionado ao *upgrade* da história pessoal, e envolva o temperamento, interesses, vocações, linhas de atuação anteriores e megatalentos, porém, adicionado a desafios qualificadores da cosmoética, do discernimento e da interassistencialidade nunca antes experimentados pela consciência.

Como identificar este paravinco intermissivo? A autoinvestigação sistemática trará pistas sobre o tema proexológico prioritário. A análise das tendências pessoais, interesses, tra*f*ores e aportes atuais pode, no decorrer das pesquisas, apontar uma direção a ser seguida. As anotações acerca das experiências diárias, das vivências parapsíquicas e projetivas tornam-se ferramentas primordiais no processo.

A disciplina investigativa com leitura, autorreflexão e produção escrita, são atos mentaissomáticos cruciais para a catálise das memórias intermissivas. E, como resultado, além da recuperação de cons, a retrocognição do Curso Intermissivo leva à recuperação da autoestima, da força presencial e da motivação pessoal.

A personalidade humana, ao redescobrir-se enquanto consciência extrafísica intermissivista, torna-se mais coerente e segura para *honrar os princípios evolutivos* de sua paraprocedência nas manifestações diárias.

A RETROCOGNIÇÃO INTERMISSIVA É VERDADEIRA *AUSCULTA CONSCIENCIAL,* ***TRAZENDO AO PESQUISADOR ACHADOS VALIOSOS DA MEMÓRIA INTEGRAL ESVAECIDA NAS TEIAS DO CÉREBRO FÍSICO.***

QUESTÕES PARA AUTORREFLEXÃO:

1. **Pré-ressoma.** Como avalia você o nível de autoconhecimento da existência pré-vida humana? O que fazia antes de nascer? Onde estava? Com quem? Quais eram suas prioridades? Por quê?

2. **Infantilismo.** Você lida com as experiências retrocognitivas de modo místico e infantil? Ainda devaneia ter sido personalidade histórica sem nenhum esforço investigativo ou experiência confirmadora?

3. **Contribuição.** Se você vivenciou retrocognições consciencialmente enriquecedoras, o que fez com tais lembranças? Qual o grau de aplicação de tal experiência em benefício da Humanidade e Para-humanidade?

ℰ𝒪 Capítulo 10 ℭℨ

Noção quanto ao Maximecanismo Evolutivo

*"**Omninteração.** Identificação pessoal e autoconsciente quanto ao cosmos, à vida e à ordem do Universo, existente sob controle permanente de consciexes evoluídas."*

O *décimo* e último traço-força elencado no Teste do Intermissivista aborda a noção acerca da organização evolutiva do Universo.

O Maximecanismo Evolutivo é a conjugação de esforços de miríades de consciências intra e extrafísicas, mais lúcidas, entrosadas aos trabalhos de interassistência multidimensional, atacadista, universalista e policármica.

Assim como há consciências e princípios conscienciais menos evoluídos que o *Homo sapiens* (bactérias, plantas, animais subumanos), também há consciências mais evoluídas. Tais consciências atuam nas mais diversas áreas dentro desse mecanismo evolutivo. As consciências mais inteligentes percebem o *gap* evolutivo em relação a nós do mesmo modo que percebemos tal lacuna ao observarmos as formigas em um formigueiro.

Pelas pesquisas da Conscienciologia, o atual entendimento desta escala evolutiva vai até os *Homo sapiens serenissimus,* consciências superintendentes das reurbanizações em âmbito continental, e por último as *Consciexes Livres,* superintendentes de trabalhos planetários. Depois disso, não há experiências práticas, somente *filosofices.*

Atualmente, a ciência Conscienciologia não pesquisa outros supostos níveis de evolução mais avançados pela própria falta de capacidade cognitiva do ser humano, nesse momento evolutivo, em compreender tais realidades transcendentes. Porém, os parafatos sugerem que a evolução é dinâmica e não tem fim.

O intermissivista pode apresentar a convicção íntima quanto ao maximecanismo, ou mesmo de ser uma minipeça na hierarquia evolutiva. Outros podem ter, em seu íntimo, a sensação parainstintiva de pertencer a algo maior, galáctico, e um senso de compromisso com esse trabalho mais abrangente.

Há pessoas que, desde a infância, sentem-se conectadas de algum modo ao Universo. Possuem certeza íntima de a vida não ser *só isso.* Refletem sobre a existência, os acontecimentos e as relações com os seres, levando em conta as sincronicidades do Cosmos.

É natural ao intermissivista não só a ideia da existência de **vida** em outros planetas, mas também em outras dimensões.

Tais temas transcendentes são considerados naturais e fonte de curiosidade nas leituras e estudos. Fascinantes histórias em quadrinhos e filmes de ficção científica, a exemplo da série *Star Trek,* despertam interesse nestas pessoas. Não raro, desde a infância desenvolvem afinidade pela Cosmologia, Astronomia, Astronáutica, Ciências Aeroespaciais e Exobiologia; observam o céu e tecem comentários "sem sentido" para os adultos.

Outros desenvolvem, desde cedo, o senso de conexidade e interdependência entre as consciências, sejam elas princípios conscienciais primitivos ou avançados. O apreço pelos seres vivos, a Ecologia, a fitoconvivialidade e zooconvivialidade sadias também expressam essa noção de pertencimento ao Cosmos.

Em síntese, o intermissivista compreende intimamente a vinculação de todas as consciências e coisas ao Cosmos e a repercussão das ações individuais na *teia consciencial,* trazendo implicações grupais positivas e negativas. Essa convicção leva a uma ponderação a respeito da responsabilidade pessoal, gerando crescente interesse na solidariedade.

Tais ideias inatas nada têm a ver com crenças ou dogmas das religiões que colocam a conscin crédula *de joelhos,* submissa à ideia de um deus ou criador. Pelo contrário, são convicções libertárias e baseadas em vivências pessoais intermissivas.

A vivência das pararrealidades amplia a visão de mundos e pluridimensões, situando o indivíduo no espaço-tempo evolutivo. O intermissivista lúcido não é mais refém das verdades absolutas pregadas nas religiões. O *carneirismo* adotado nas vidas anteriores dá lugar ao *antissectarismo teático* e à autonomia cosmoética na vida atual.

Para a consciex, as experiências sutis de difícil tradução ocorrem nas aulas de *Evoluciologia* dos Cursos Intermissivos avançados. Estas vivências promovem, de modo irrefutável, uma desconstrução definitiva: o *desmoronamento* das crenças e ilusões infantis referentes à existência humana e aos propósitos de se viver.

Nas aulas extrafísicas, o uso de paratecnologias avançadas e experiências de *expansão de consciência* a partir do mentalsoma talham na holomemória o novo paradigma da *inteligência evolutiva.*

Com a supervisão de evoluciólogos e consciências em elevado patamar de maturidade, o intermissivista experimenta a transcendentalidade máxima ao *vislumbrar o infinito.* Em um átimo ele entende ser pequena peça de um megamecanismo multidimensional.

O **Curso Intermissivo** é, em síntese, um conjunto didático de extrapolações e expansões da hiperacuidade para a consciência intermissivista.

A explosão de informações em bloco o faz entrever a *dinâmica intergaláctica* das consciências mais avançadas e a refletir sobre a concepção do mundo, a evolução dos planetas, as leis do Universo e a Ética cósmica. Ocorre a saída momentânea do paroquialismo do cérebro do *Homo sapiens sapiens* em direção ao macrocosmo do *Homo sapiens universalis.*

Com lógica acachapante, a Policarmalidade passa a fazer sentido enquanto postura prioritária da manifestação consciencial. A lei de causa e efeito é compreendida e passa a ser vista como a possibilidade de fazer assistência na rotina diária. Do mesmo modo, ocorre a ampliação do otimismo e do entusiasmo para contribuir, espontaneamente, com o maximecanismo evolutivo.

Weltanschauung é um termo alemão relacionado à percepção do mundo de maneira ampla, ou a cosmovisão.

Apesar de meros *aperitivos* do que a realidade cósmica é de fato, os fenômenos de *extrapolacionismo* vincam na consciência neoprincípios *universalistas* de se viver – a neomundividência, ou *weltanschauung* consciencial – nunca antes introjetados.

Em termos de magnitude experiencial, uma das vivências mais marcantes comuns aos Cursos Intermissivos avançados são as *paraexcursões interplanetárias.* Dispondo da assessoria de orientadores técnicos em volitação, as consciexes alunas são levadas em *field trips* a conhecer a realidade de outros planetas, longínquos e habitados.

O contato com realidades extraterrenas e consciências locais promove verdadeira *impactoterapia,* balançando as estruturas conscienciais e conduzindo a consciência a reciclar tendências preconceituosas ou separatistas.

A *síntese educativa* dessa vivência está no senso de família universal e no *antiapartheid cósmico* pela fraternidade para com as consciências. *A defesa do ego perde o sentido.*

Ao ressomar, a conscin intermissivista traz consigo a motivação inata de inserir-se neste mecanismo interassistencial em favor de toda e qualquer consciência, independente das afinidades e convicções pessoais. Sente-se dona de si e de seu destino. Compreende que a felicidade ou o caos são apenas resultado de seu modo de lidar com o fluxo do Cosmos. Reconhece suas ações passadas, muitas vezes anticosmoéticas, e intenta reescrever sua biografia consciencial pelos acertos.

Estas reflexões ajudam a personalidade a viver com autonomia, sem depositar a culpa de suas frustrações nos outros. Grande parte da sociedade ainda está aprisionada às próprias demandas do umbilicochacra, sem enxergar o mundo ao redor.

O intermissivista lúcido observa criticamente a sociedade intrafísica patológica. Com o olhar apurado, identifica as *ilusões* da vida humana.

Os **idiotismos culturais** aceitos pelo senso comum são absurdos atravancadores da evolução pessoal e grupal.

Com o passar do tempo, o caráter apátrida do indivíduo manifesta-se de modo natural ao lidar com as *fronteiras conscienciais:* distintas culturas, línguas, sociedades, etnias, classes. Apresenta a postura de respeito às diferenças, de antissectarismo e de conciliação em todas as esferas de manifestação. Para isto, nasce o interesse pessoal em conhecer diversas realidades, a partir do poliglotismo, da viagem a diferentes países e da convivência sadia com a multiculturalidade.

O abertismo consciencial para lidar com as diferenças é ato cosmoético de alto valor para as equipes de assistência extrafísica. O indivíduo com postura cosmopolita *não* defende bandeira, clube, etnia, religião, partido ou pátria. Está aberto para atuar onde for necessário, mediando conflitos e propondo soluções nos ambientes multidimensionais nos quais está inserido.

AO RECONHECER-SE PARTE DO MAXIMECANISMO, A CONSCIÊNCIA ALINHA-SE À DINÂMICA PRÓ-EVOLUTIVA DO UNIVERSO, CONSTRUINDO PONTES DE AUXÍLIO ENTRE ARQUIPÉLAGOS DE CONSCIÊNCIAS.

Os maiores aprendizados se dão no contato com realidades diferentes da sua. Na interação com modos de ser, pensar e agir distintos, a consciência de mentalidade aberta tem a possibilidade de pesquisar o mundo exterior e ponderar sobre seu microuniverso.

O(a) intermissivista é conscin essencialmente **pacifista.**

O senso universalista nasce quando o indivíduo abre suas portas para a convivência pacífica com as demais consciências e princípios conscienciais, compreendendo suas diferenças e contribuindo com elas, sem o objetivo de convencê-las do que pensa ser o certo ou o errado.

Em termos práticos, o universalismo *não está presente* onde está o racismo, o bairrismo, as segregações, os fanatismos e dogmatismos cegos, neofobias, apriorismos e a defesa egoísta dos interesses pessoais.

O cultivo da admiração ao outro *independentemente* das diferenças sociais, genéticas, religiosas e ideológicas oportuniza a coexistência harmônica, tornando possível a interassistência. Nesse caso, vale a pena a reflexão: como lidamos com aquelas pessoas que pensam diferente de nós e cujos princípios e ações são *indiscutivelmente* contrários ao que *acreditamos* ser o *melhor?*

Na *Escola da Vida,* ganha mais quem se abre ao contato salutar com pessoas possuidoras de diferentes modos e técnicas de viver. Assim, desenvolvemos o respeito, a admiração, a fraternidade e o entendimento mais amplo do universo.

A TENDÊNCIA DA CONSCIN AO** UNIVERSALISMO* ***ESTÁ EXPRESSA NA INTEGRAÇÃO ÀS MÚLTIPLAS CORES DA HUMANIDADE, CULTURAS, PAÍSES, IDIOMAS E, POR FIM, À PARA-HUMANIDADE.

QUESTÕES PARA AUTORREFLEXÃO:

1. **Minipeça.** Você é minipeça *funcional* ou *disfuncional* do maximecanismo evolutivo? Ou, ainda, é a *maxipeça de um minimecanismo centrípeto?*

2. **Convivência.** Qual o seu nível de convivência sadia com as demais conscins, consciexes, culturas, animais e plantas? Ainda defende sempre *o seu lado* ou opta pela tarefa de conciliar as partes, respeitando os direitos de todas as consciências e princípios conscienciais?

3. **Universalismo.** Você se percebe ligado às consciências ao seu redor ou é uma ilha isolada? Qual a qualidade de sua consciência política, comunitária e planetária? Você compreende a reação em cadeia das ações individuais no todo?

III. ARGUMENTOS CONCLUSIVOS

O Curso Intermissivo semeou neoideias para que sua aplicação na vida humana possibilite as colheitas evolutivas.

Após analisar detalhadamente o Teste do Intermissivista, a qual conclusão você, leitor ou leitora, chegou?

Dos 10 traços-força esmiuçados ao longo da obra, quais fazem parte de você? Por outro lado, quais destes traços você julga ainda não possuir? *A autorreflexão desencadeia o autoconhecimento.*

O posicionamento frente ao Curso Intermissivo recente é um *divisor de águas* consciencial. Se você chegou até aqui, é provável que tenha encontrado correlações do tema com os seus princípios pessoais.

Se os pontos de vista deste livro repercutiram positivamente em você, provocando sensação de familiaridade e produzindo *ressonância lógica* dentro de sua caixa craniana, houve uma sinalização de sua afinidade com os Cursos Intermissivos.

Caso você, espontaneamente, tenha admitido ser um(a) intermissivista, *welcome aboard!* Busque aprofundar as autopesquisas quanto à sua *natureza intermissiva* para alinhar-se à consecução das cláusulas da proéxis.

Reflita, pesquise, estude, recicle e aja. A existência intrafísica é breve para ficarmos *marcando passo.* Se bem aproveitada, essa vida poderá valer por 10 vidas anteriores. Corte os excessos das imaturidades e organize de imediato novo *estilo de vida* pró-evolutivo.

Se você chegou à conclusão de que não participou de Curso Intermissivo pré-ressomático, mas possui convicção para acelerar suas reciclagens intraconscienciais, busque tirar proveito máximo das oportunidades proporcionadas pelo Universo.

Quem *deixa como está para ver como fica* passa longe dos *campi* intermissivos. Por isso, qualifique-se consciencialmente. O que você pode fazer para acelerar sua evolução nesta Escola da Vida? Prepare-se, desde *já,* para esta *neoconquista* marcante: o ingresso ao Curso Intermissivo na próxima intermissão.

Contudo, se você ainda tem dúvidas quanto à sua condição de intermissibilidade, pesquise mais. Estude as bibliografias presentes no final deste livro, converse com intermissivistas veteranos, aprofunde a autopesquisa e invista em seu desenvolvimento parapsíquico. Tais medidas o(a) auxiliarão na recuperação de cons ao seu respeito.

A participação nos educandários intermissivos promove uma *cirurgia de destino,* transformando a ex-conscin vulgar em agente multidimensional das reurbanizações extrafísicas. A responsabilidade frente ao grupo evolutivo desencadeia a necessidade prática do comprometimento maior com a multidimensionalidade visando à consecução da proéxis grupal.

Nem todo intermissivista é superdotado e nem todo superdotado é intermissivista. É válido ressaltar que as conscins intermissivistas ainda são uma microminoria; contudo não são *seres perfeitos* ou *acima do bem e do mal.* São portadores de conjunto peculiar de habilidades próprias da inteligência evolutiva – talentos parapsíquicos, cosmoéticos e interassistenciais inatos, a serem implementados com diligência no dia a dia.

Intermissivista é personalidade acima da média quanto ao uso da **inteligência evolutiva.**

Com isso, os intermissivistas se esforçam em ampliar seu discernimento para eliminar as incoerências entre o que *sabem* e o que *fazem,* dedicando-se ao refinamento das automanifestações através do estudo dos erros e acertos, e valorizando os *feedbacks* dos pares.

O cursista da intermissão investe no domínio das energias e no desenvolvimento parapsíquico para sobrepor a *genética vulgar* e os *vícios pensênicos.* Dispõe-se a prestar serviços de assistência, às vezes anonimamente, em padrão *cooperativo* com as equipes extrafísicas de auxílio.

Priorizar a maturidade na contracorrente da *massa impensante* poderá acarretar revezes naturais aos processos de autossuperação do intermissivista. As pressões intra e extrafísicas e as *seduções irresistíveis* de toda sorte de patologia humana são fatores dificultadores ao completismo existencial para quem está restrito ao *corpo de bicho. Sejamos mais consciências e menos cro-magnons.*

Quando lúcida, a conscin ex-aluna de Curso Intermissivo sente necessidade indubitável de honrar sua **procedência extrafísica** através da materialização das cláusulas da proéxis.

O *labor incansável* no combate às automimeses conscienciais e na aquisição de hábitos sadios nasce da vontade íntima. Ao contrário do que possa parecer, tais esforços tornam-se fatores de profunda satisfação íntima, pois tornam a conscin *leal* à sua *paraprocedência cursista.* O intermissivista em dia com as cláusulas da proéxis é proativo e preza pela autoliderança madura.

Como saber mais sobre o próprio Curso Intermissivo?

Analise os seus interesses, vocações e potenciais. Quais tra*fo*res pessoais o auxiliam a superar os gargalos pessoais? O que você tem de melhor para proporcionar às pessoas? Quais os seus megapoderes conscienciais, ou *talentos de exceção?* Você chegou aos Cursos Intermissivos devido aos seus tra*fo*res e tendências positivas.

Outra fonte de informações está na infância. Apesar do restringimento cerebral, os liames energéticos do cérebro ao paracérebro não se dissipam completamente nos primeiros anos de vida. Assim, a conscin-criança ainda poderá reter informações valiosas sobre o desenrolar dos acontecimentos antes da ressoma.

Busque recobrar a memória sobre seu *modo de funcionamento* na infância. Em que você pensava? O que almejava para a sua existência? Quais questionamentos fazia?

Aproveite as informações deste livro para refletir sobre sua intermissão, analisando quais capítulos mais chamaram a sua atenção ou lhe pareceram mais familiares. Tal sensação poderá estar associada a uma retrocognição rudimentar, o *fio da meada* do Curso Intermissivo pessoal.

Por fim, no dia a dia, a chave geral para acesso ao conteúdo intermissivo é o parapsiquismo sadio aliado à assistencialidade. Ao conectar estes dois pontos, o fator *amparo de função* aparece. Os amparadores veteranos têm interesse em nos auxiliar na rememoração dos ensinamentos intermissivos e das cláusulas da proéxis, pois passam a contar com ajuda extra nos trabalhos multidimensionais.

Além disso, a assistência multidimensional nos vincula diretamente ao holopensene das disciplinas estudadas nos Cursos Intermissivos e favorece a franca recuperação de cons magnos.

Há um princípio parapedagógico que diz: *Quem aprende deve ensinar.* Na condição de *agente retrocognitivo* dos Cursos Intermissivos, o ex-aluno também torna--se professor através de seus *conteúdos atitudinais* exemplaristas.

O **intermissivista** é, por si só, agente capaz de predispor a retrocognição em outros intermissivistas. Não nos desligamos de nossas origens extrafísicas e nem de nossos colegas.

Verba moment, exempla trahunt. As palavras movem, os exemplos arrastam. As ideias, decisões e ações impactam o entorno e fazem pensar. Quais os rastros você, leitor ou leitora, deixa nos ambientes por onde passa?

Estudar a *teoria* dos Cursos Intermissivos é fácil. O desafio a qualquer consciência humana é mergulhar na tarefa da *prática* pela vivência parapsíquica diuturna.

Após as calorosas saudações de despedida dos colegas e professores intermissivos, no momento da ressoma, a consciência traz consigo *sementes indeléveis* dos aprendizados em meio ao grupo evolutivo. Essas lições traduzem-se em ideias inatas, princípios morais e valores pessoais sofisticados, destoantes dos interesses comuns aos grupos de convívio.

Agora, na fase de aplicação dos ensinamentos recebidos, vale o questionamento: qual o nível de *fertilidade prática,* concreta, palpável, dos aportes intermissivos? De que modo o Planeta vem *colhendo* os frutos do *seu* Curso Intermissivo?

***O** Homo sapiens intermissivus* **PRESERVA, EM SI, A RESPONSABILIDADE INDELÉVEL DE HONRAR TODA A CONFIANÇA NELE DEPOSITADA, APLICANDO COM EMPENHO OS PARAENSINAMENTOS OBTIDOS.**

Posfácio

Os conteúdos expostos nesta obra foram tão somente um preâmbulo das vastas pesquisas conscienciológicas sobre a Intermissiologia, realizados até o momento (Ano-base: 2016).

As Instituições Conscienciocêntricas (ICs) são frutos de esforços conjuntos no intuito de aproximar os intermissivistas de sua realidade extrafísica. Nas ICs, você encontrará um polo *intermissiofílico* para aprofundar a autoinvestigação de modo teático (*te*órico e pr*ático*) participando de cursos e *workshops* de diversas especialidades da Conscienciologia.

Atualmente, em Foz do Iguaçu, PR, Brasil, intermissivistas de várias cidades e países dedicam-se à investigação e produção de conhecimentos conscienciológicos nos *campi* de pesquisa da Conscienciologia. Estes ambientes mentaissomáticos são inspirados nas comunidades extrafísicas dos Cursos Intermissivos.

Nos *campi,* os pesquisadores têm à sua disposição laboratórios, dinâmicas parapsíquicas, bibliotecas especializadas e grande número de eventos, congressos, debates, encontros de pesquisa e atividades pedagógicas para troca de experiências.

Em termos científicos, o maior empreendimento grupal em produção acerca destes estudos avançados é a *Enciclopédia da Conscienciologia,* projeto em franco desenvolvimento, com a contribuição de centenas de voluntários-pesquisadores. Essa Enciclopédia busca reunir o conhecimento humano sob a ótica do paradigma consciencial, funcionando como ferramenta retrocognitiva dos conteúdos intermissivos.

Caso você tenha interesse em aprofundar seus estudos sobre tais assuntos, acesse o *site* www.tertuliaconscienciologia.org. Você pode participar gratuitamente das Tertúlias Conscienciológicas, debates diários *online* sobre diversos temas da Conscienciologia, e ainda enviar suas perguntas e opiniões.

Por fim, esta autora coloca-se à disposição para esclarecer suas dúvidas sobre os temas abordados neste livro e as pesquisas conscienciológicas em geral, através do *e-mail* tathiana@email.com.

Webgrafia

01. **Espósito,** Luiz; ***Desestagnação do Intermissivista (Autopriorologia);*** **Tertúlia Conscienciológica de 29.04.2011;** disponível em: <https://www.youtube.com/watch?v=Cx62YfO_ltE>; acesso em: 18/02/2015.

02. **Klein,** William; ***Teática dos Cursos Intermissivos;*** **Congresso do Intermissivista de 22.07.2011;** disponível em: <https://www.youtube.com/watch?v=04rvu2Laltg>; acesso em: 18/02/2015.

03. **Mansur,** Phelipe; ***Efeito Intermissivo (Autevoluciologia);*** **Tertúlia Conscienciológica de 11.05.2011;** disponível em: <https://www.youtube.com/watch?v=V-Vyw 4b8jyiE>; acesso em: 18/02/2015.

04. **Idem; *Ideias Inatas;* Congresso do Intermissivista de 22.07.2011;** disponível em: <https://www.youtube.com/watch?v=-Vjdf0kdcmg>; acesso em: 18/02/2015.

05. **Sinhorini,** Wildenilson; ***Vivências do Curso Intermissivo;*** **Conferência APEX de 02.10.2010;** disponível em: <https://www.youtube.com/watch?v=DxEOaRGi1Kg>; acesso em: 18/02/2015.

06. **Vieira,** Waldo; ***Autoconquista (Autevoluciologia);*** **Tertúlia Conscienciológica de 24.12.2011;** disponível em: <https://www.youtube.com/watch?v=yfOeWqelYZ4>; acesso em: 18/02/2015.

07. **Idem; *Autodesempenho Coeso (Autodesempenhologia);* Tertúlia Conscienciológica de 25.10.2011;** disponível em: <https //www.youtube.com/watch?v=4-63tuLnGCM>; acesso em: 18/02/2015.

08. **Idem; *Boas vindas de Waldo Vieira aos Intermissivistas;*** disponível em: <https://www.youtube.com/user/Tertuliarium>; acesso em: 18/02/2015.

09. **Idem; *Conciliação das Interdependências (Cosmovisiologia);* Tertúlia Conscienciológica de 30.01.2012;** disponível em: <https://www.youtube.com/watch?v=xGgauUvqxdc>; acesso em: 18/02/2015.

10. **Idem; *Função do Intermissivista (Proexologia);* Tertúlia Conscienciológica de 05.05.2010;** disponível em: <https://www.youtube.com/watch?v=-d_-X-2ElM5c>; acesso em: 18/02/2015.

11. **Idem; *Indução Intermissiva (Intermissiologia);* Tertúlia Conscienciológica de 20.08.2011;** disponível em: <https://www.youtube.com/watch?v=kPq9iGFoof8>; acesso em: 18/02/2015.

12. **Idem; *Natureza Intermissiva (Intermissiologia);* Tertúlia Conscienciológica de 27.01.2012;** disponível em: <https://www.youtube.com/watch?v=IM5Q48wqfLQ>; acesso em: 18/02/2015.

13. **Idem;** ***Paradoxo da Esperteza (Cosmoeticologia);*** **Tertúlia Conscienciológica de 23.09.2011;** disponível em: <https://www.youtube.com/watch?-v=APoN9Q8Pcy4>; acesso em: 18/02/2015.

14. **Idem;** ***Pré-intermissivista (Intrafisicologia);*** **Tertúlia Conscienciológica de 17.05.2009;** disponível em: <https://www.youtube.com/watch?-v=KUUTwE-gU5c>; acesso em: 18/02/2015.

Bibliografia

01. **Alcadipani,** Arlindo; ***Itinerário Evolutivo de um Reciclante: Autobiografia permeada pela História do Brasil;*** pref. Moacir Gonçalves; & Rosemary Salles; revisoras Rosemary Salles; Sandra Tornieri; & Erotides Louly; 320 p.; 22 caps.; 23 *E-mails;* 2 enus.; 1 foto; 1 microbiografia; 21 *websites;* 31 refs.; alf.; geo.; ono.; 22,5 x 16 cm; br.; *Associação Internacional Editares;* Foz do Iguaçu, PR; 2015; página 265.

02. **Alegre,** Pilar; ***Professor Intermissivista;*** verbete In: **Vieira,** Waldo; (Org.); ***Enciclopédia da Conscienciologia Digital;*** 11.034 p.; glos. 2.498 (termos); 192 microbiografias; 147 tabs.; 191 verbetógrafos; 8ª Ed.; Digital; *Associação Internacional do Centro de Altos Estudos da Conscienciologia* (CEAEC); Foz do Iguaçu; PR; 2013; páginas 8.915 a 8.925.

03. **Almeida,** Julio; ***Qualificação Autoral: Aprofundamento na Escrita Conscienciológica;*** pref. Rosemary Salles; revisores Gisélle Razera; *et al.;* 312 p.; 9 seções; 60 caps.; 23 *E-mails;* 210 enus.; 64 estrangeirismos; 1 foto; 1 microbiografia; 1 tab.; 20 *websites;* glos. 170 termos; 25 filmes; 308 refs.; alf.; 21 x 14 cm; br.; *Associação Internacional Editares;* Foz do Iguaçu, PR; 2014; páginas 51, 56, 61, 65, 128, 201 e 205.

04. **Almeida,** Roberto; ***Intermissividade: Autocoerência Prioritária;*** Artigo; *I Jornada Internacional de Conscienciometrologia;* Foz do Iguaçu, PR; 06-08.07.12; *Conscientia;* Revista; Trimestral; Ed. Especial; Vol. 17; N. 1; Seção: *Artigo Original;* 1 *E-mail;* 5 enus.; 1 microbiografia; 4 refs.; *Associação Internacional do Centro de Altos Estudos da Conscienciologia* (CEAEC); Foz do Iguaçu, PR; Janeiro-Março, 2013; páginas 5 a 14.

05. **Arakaki,** Kátia; ***Antibagulhismo Energético;*** Manual; revisores Erotides Louly; Flávio Buononato; & Sandra Tornieri; 238 p.; 23 caps.; 13 citações; 1 curiosidade; 24 *E-mails;* 52 enus.; 1 foto; 1 microbiografia; 3 tabs.; 1 teste; 21 *websites;* glos. 99 termos; 2 filmes; 110 refs.; alf.; 21 x 21 cm; br.; *Associação Internacional Editares;* Foz do Iguaçu, PR; 2015; páginas 103 e 187.

06. **Idem;** ***Viagens Internacionais: O Nomadismo da Conscienciologia;*** pref. Simone de La Tour; revisores Cathia Caporali; *et al.;* 294 p.; 33 caps.; 13 abrevs.; 123 enus.; 1 foto; 1 microbiografia; glos. 106 termos; glos. 155 termos; 244 refs.; alf.; geo.; ono.; 21 x 14 cm; br.; *Associação Internacional Editares;* Foz do Iguaçu, PR; 2005; páginas 193 a 203.

07. **Balona,** Málu; ***Autocura através da Reconciliação: Um Estudo Prático sobre a Afetividade;*** pref. Marina Thomaz; revisores Alexander Steiner; *et al.;* 342 p.; 2 seções; 11 caps.; 18 E-mails; 1 entrevista; 56 enus.; 125 expressões e ditos populares; 1 foto; 6 ilus.; 1 microbiografia; 5 quadros sinópticos; 4 questionários;

2 tabs.; 17 técnicas; 5 teorias; 5 *websites;* posf.; 20 infografias; 20 cenografias; 56 filmes; 265 refs.; 2 apênds.; alf.; 21 x 14 cm; br.; *Instituto Internacional de Projeciologia e Conscienciologia* (IIPC); Rio de Janeiro, RJ; 2003; páginas 179 e 180.

08. **Idem;** ***Síndrome do Estrangeiro: O Banzo Consciencial;*** pref. Waldo Vieira; revisores Ana Luiza Rezende; *et al.;* 336 p.; 2 partes; 14 caps.; 55 abrevs.; 16 *E-mails;* 1 entrevista; 28 enus.; 5 escalas; 1 fluxograma; 1 foto; 6 ilus.; 1 microbiografia; 1 questionário; 30 tabs.; 2 *websites;* posf.; 4 musicografias; 5 pinacografias; 90 filmes; 380 refs.; 12 webgrafias; 2 apênds.; alf.; 21 x 14 cm; br.; *Instituto Internacional de Projeciologia e Conscienciologia* (IIPC); Rio de Janeiro, RJ; 1998; páginas 24 e 132.

09. **Bassanesi,** Maria Cristina; ***Evolução da Consciência: Teoria e Prática;*** Artigo; *Conscientia;* Revista; Trimestral; Vol. 4; N. 1; Seção: *Fundamentos da Conscienciologia;* 1 *E-mail;* 9 enus.; 1 microbiografia; 3 refs.; *Centro de Altos Estudos da Conscienciologia* (CEAEC); Foz do Iguaçu, PR; Janeiro-Março, 2000; páginas 50 a 58.

10. **Idem;** ***Memórias do Último Período Intermissivo;*** Artigo; *Conscientia;* Revista; Trimestral; Vol. 3; N. 1; *Centro de Altos Estudos da Conscienciologia* (CEAEC); Foz do Iguaçu, PR; 1999; páginas 28 a 33.

11. **Bastiou,** Jean-Pierre; ***Globe-Trotter da Consciência: Do Yoga à Conscienciologia;*** pref. Waldo Vieira; revisores Laênio Loche; *et al.;* 322 p.; 6 seções; 33 caps.; 1 cronologia; 23 *E-mails;* 1 entrevista; 7 enus.; 6 fotos; 4 ilus.; 1 microbiografia; 3 *websites;* glos. 33 termos da Conscienciologia; glos. 117 termos sânscritos; 14 refs.; alf.; geo.; ono.; 21 x 14 cm; *Instituto Internacional de Projeciologia e Conscienciologia* (IIPC); Rio de Janeiro, RJ; 2002; página 263.

12. **Borges Júnior,** Olegário; ***Retribuiciologia;*** verbete In: **Vieira,** Waldo; (Org.); ***Enciclopédia da Conscienciologia Digital;*** 11.034 p.; glos. 2.498 (termos); 192 microbiografias; 147 tabs.; 191 verbetógrafos; 8ª Ed.; Digital; *Associação Internacional do Centro de Altos Estudos da Conscienciologia* (CEAEC); Foz do Iguaçu; PR; 2013; páginas 9.533 a 9.539.

13. **Camargo,** Mônica; ***Técnicas de Identificação do seu Papel no Grupo: Acesso ao Curso Intermissivo;*** Artigo; *III Jornada de Saúde da Consciência;* 04-06.09.03; Foz do Iguaçu, PR; *Journal of Conscientiology;* Revista; Trimestral; Vol. 5, N. 20-S; *International Academy of Consciousness* (IAC); London; UK; September, 2003; página 223.

14. **Ceotto,** Bárbara; ***Diário de Autocura: Da Doença à Saúde Consciencial;*** apres. & posf. Leonardo Rodrigues; pref. Felix Wong; & Mário Oliveira; 224 p.; 16 caps.; 46 abrevs.; 15 citações; 1 cronologia; 22 *E-mails;* 26 enus.; 22 estrangeirismos; 2 ilus.; 1 microbiografia; 21 *websites*; glos. 22 termos (médicos); 31 filmes; 1 nota; 73 refs.; 1 apênd.; alf.; geo.; ono; 23 x 16 cm; br.; *Associação Internacional Editares;* Foz do Iguaçu, PR; 2014; páginas 55, 65 e 66.

15. **Clemente,** Augusta; ***Recin Pré-invéxis;*** Artigo; *XI Congresso Internacional de Inversão Existencial;* Foz do Iguaçu, PR; 14-17.07.14; *Conscientia;* Revista; Trimestral; Ed. Especial; Vol. 18; N. 1; Seção: *Artigo Original;* 1 *E-mail;* 13 enus.; 1 microbiografia; 8 refs.; *Associação Internacional do Centro de Altos Estudos da Conscienciologia* (CEAEC); Foz do Iguaçu, PR; 2014; página 60.

16. **Costa,** João Paulo; & **Rossa,** Dayane; ***Manual da Conscin-Cobaia;*** pref. João Aurélio Bonassi; revisores Roberto Otuzi; Helena Alves Araújo; & Erotides Louly; 200 p.; 5 seções; 26 caps.; 1 cronologia; 22 *E-mails;* 69 enus.; 2 fotos; 2 gráfs.; 3 ilus.; 2 minicurrículos; 4 tabs.; 20 *websites;* glos. 183 termos; 45 refs.; 1 apênd.; alf.; 21 x 14 cm; br.; *Associação Internacional Editares;* Foz do Iguaçu, PR; 2014; página 80.

17. **Couto,** Cirleine; ***Contrapontos do Parapsiquismo: Superação do Assédio Interconsciencial Rumo à Desassedialidade Permanente Total;*** pref. Waldo Vieira; revisoras Helena Araújo; & Erotides Louly; 208 p.; 2 seções; 18 caps.; 18 *E-mails;* 102 enus.; 48 estrangeirismos; 1 foto; 1 microbiografia; 1 tab.; 17 *websites;* glos. 300 termos; 45 refs.; alf.; 21 x 14 cm; br.; *Associação Internacional Editares;* Foz do Iguaçu, PR; 2010; páginas 24, 66, 122, 135 e 137.

18. **Idem; *Inteligência Evolutiva Cotidiana;*** pref. Cristiane Ferraro; revisores Equipe de Revisores da Editares; 190 p.; 30 caps.; 22 *E-mails;* 41 enus.; 1 foto; 1 microbiografia; 3 tabs.; 20 *websites;* 8 infográficos; 4 filmes; 129 refs.; alf.; 23 x 16 cm; br.; *Associação Internacional Editares;* Foz do Iguaçu, PR; 2014; páginas 35 a 37, 59, 94, 97 e 112.

19. **Idem; *Intermissive Course and Interplanetary Excursions;*** Artigo; *Journal of Conscientiology;* Revista; Trimestral; Vol. 7; N. 26; 2 enus.; 1 microbiografia; 3 refs.; *International Academy of Consciousness* (IAC); London; UK; October, 2004; páginas 83 a 92.

20. **Daou,** Dulce; ***Vontade: Consciência Inteira;*** revisores Equipe de Revisores da Editares; 288 p.; 6 seções; 44 caps.; 23 *E-mails;* 226 enus.; 1 foto; 1 microbiografia; 1 seleção de verbetes da Conscienciologia; 3 tabs.; 21 *websites;* glos. 140 termos; 1 nota; 133 refs.; 17 webgrafias; 1 apênd.; alf.; ono.; 23 x 16 cm; br.; *Associação Internacional Editares;* Foz do Iguaçu, PR; 2014; páginas 28, 64, 70, 71 e 185.

21. **Dries,** Silda; ***Teoria e Prática da Experiência Fora do Corpo;*** pref. Jussara Moura; revisores Helena Araújo; & Ivelise Vicenzi; 236 p.; 22 caps.; 34 *E-mails;* 28 enus.; 1 foto; 1 foto; 1 microbiografia; 9 *websites;* glos. 300 termos; 108 filmes; 61 refs.; alf.; ono.; 21 x 14 cm; br.; 2ª Ed. rev.; *Associação Internacional Editares;* Foz do Iguaçu, PR; 2009; página 142.

22. **Espósito,** Luiz; ***Desestagnação do Intermissivista;*** verbete In: **Vieira,** Waldo; (Org.); ***Enciclopédia da Conscienciologia Digital;*** 11.034 p.; glos. 2.498 (termos); 192 microbiografias; 147 tabs.; 191 verbetógrafos; 8ª Ed.; Digital; *Associação Internacional do Centro de Altos Estudos da Conscienciologia* (CEAEC); Foz do Iguaçu; PR; 2013; páginas 3.949 a 3.952.

23. **Fernandes,** Luísa; ***Intermission and Recognizable Signals;*** Artigo; *Journal of Conscientiology;* Revista; Trimestral Vol. 7; N. 26; 1 enu.; 1 microbiografia; 3 refs.; *International Academy of Consciousness* (IAC); London; UK; October, 2004; páginas 159 a 163.

24. **Fernandes,** Pedro; ***Megacalibragem Intraconsciencial;*** verbete In: **Vieira,** Waldo; (Org.); ***Enciclopédia da Conscienciologia Digital;*** 11.034 p.; glos. 2.498 (termos); 192 microbiografias; 147 tabs.; 191 verbetógrafos; 8ª Ed.; Digital; *Associação Internacional do Centro de Altos Estudos da Conscienciologia* (CEAEC); Foz do Iguaçu; PR; 2013; páginas 6.927 a 6.933.

25. **Fritzen,** Reinalda; ***Caminhos da Autossuperação: Relatos de Maxidissidência Ideológica;*** pref. Hernande Leite; revisores Equipe de Revisores da Editares; 230 p.; 4 partes; 11 caps.; 2 citações; 21 *E-mails;* 30 enus.; 1 foto; 1 microbiografia; 1 tab.; 21 *websites;* glos. 63 termos; 78 refs.; alf.; geo.; ono.; 23 x 16 cm; br.; *Associação Internacional Editares;* Foz do Iguaçu, PR; 2013; páginas 36 a 38, 186 e 187.

26. **Guzzi,** Flavia; ***Mudar ou Mudar: Relatos de uma Reciclante Existencial;*** pref. Málu Balona; revisores Ana Luiza Rezende; *et al.;* 232 p.; 14 caps.; 1 entrevista; 10 enus.; 1 foto; 1 microbiografia; 6 técnicas; glos. 300 termos; 20 refs.; epíl.; alf.; *Instituto Internacional de Projeciologia e Conscienciologia* (IIPC); Rio de Janeiro, RJ; 1998; páginas 132 e 136.

27. **Haymann,** Maximiliano; ***Síndrome do Ostracismo: Mecanismos e Autossuperação;*** pref. Waldo Vieira; revisores Erotides Louly; Helena Araújo; & Julieta Mendonça; 218 p.; 5 seções; 24 caps.; 17 *E-mails;* 134 enus.; 2 fluxogramas; 1 foto; 1 microbiografia; 2 tabs.; 16 *websites;* glos. 152 termos; 5 filmes; 202 refs.; 2 apênds.; alf.; geo.; ono.; 23,5 x 16 cm; enc.; *Associação Internacional Editares;* Foz do Iguaçu, PR; 2011; página 139.

28. **Hoffmann,** Vera; ***Sem Medo da Morte: Construindo uma Realidade Multidimensional;*** pref. Beatriz Tenius; revisores Helena Araújo; & Erotides Louly; 182 p.; 25 caps.; 17 *E-mails;* 3 enus.; 1 foto; 5 ilus.; 1 microbiografia; 16 *websites;* 13 filmes; 22 refs.; alf.; 21 x 14 cm; br.; *Associação Internacional Editares;* Foz do Iguaçu, PR; 2011; páginas 115 a 117.

29. **Lage,** Ana Paula; ***The Influence of Acculturation in the Recollection of the Intermissive Course;*** Artigo; *Journal of Conscientiology;* Revista; Trimestral; Vol. 7; N. 26; 1 enu.; 1 microbiografia; 2 tabs.; 6 refs.; *International Academy of Consciousness* (IAC); London; UK October, 2004; páginas 139 a 148.

30. **Leite,** Hernande; ***Inteligência Financeira e Proexogênica;*** verbete In: **Vieira,** Waldo; (Org.); ***Enciclopédia da Conscienciologia Digital;*** 11.034 p.; glos. 2.498 (termos); 192 microbiografias; 147 tabs.; 191 verbetógrafos; 8ª Ed.; Digital; *Associação Internacional do Centro de Altos Estudos da Conscienciologia* (CEAEC); Foz do Iguaçu; PR; 2013; páginas 6.114 a 6.123.

31. **Lutfi,** Lucy; ***Voltei para Contar: Autobiografia de uma Experimentadora da Quase-Morte;*** pref. Hernande Leite; revisoras Ana Flávia Magalhães Pinto; *et al.;* 248 p.; 2 seções; 19 caps.; 18 anotações pessoais; 22 cronologias; 29 *E-mails;* 39 enus.; 1 foto; 6 ilus.; 1 microbiografia; 6 tabs.; 10 *websites;* 40 musicografias; 51 filmes; 1 nota; 178 refs.; 5 webgrafias; alf.; geo.; ono.; 21 x 14 cm; br.; *Associação Internacional Editares;* Foz do Iguaçu, PR; 2006; página 179.

32. **Luz,** Marcelo da; ***Onde a Religião termina?;*** pref. Waldo Vieira; revisoras Erotides Louly, Helena Araújo & Valana Ferreira; 486 p.; 5 seções; 17 caps.; 12 documentários & minisséries; 17 *E-mails;* 39 enus.; 149 estrangeirismos; 1 foto; 1 microbiografia; 15 siglas; 2 tabs.; 16 *websites;* 79 infográficos; 22 filmes; 571 refs.; 2 apênds.; alf.; geo.; ono.; 23,5 x 16 x 3 cm; enc.; *Associação Internacional Editares;* Foz do Iguaçu, PR; 2011; página 383.

33. **Mansur,** Phelipe; ***Efeito Intermissivo;*** verbete In: **Vieira,** Waldo; (Org.); ***Enciclopédia da Conscienciologia Digital;*** 11.034 p.; glos. 2.498 (termos); 192 microbiografias; 147 tabs.; 191 verbetógrafos; 8ª Ed.; Digital; *Associação Internacional do Centro de Altos Estudos da Conscienciologia* (CEAEC); Foz do Iguaçu; PR; 2013; páginas 4.344 a 4.348.

34. **Idem; *Empreendedorismo Evolutivo: Autoliderança Cosmoética para a Evolução Consciencial;*** pref. Mário Oliveira; revisores Caio Polizel; *et al.*; 248 p.; 30 caps.; 8 citações; 23 *E-mails;* 68 enus.; 1 foto; 1 microbiografia; 5 tabs.; 20 técnicas; 21 *websites;* glos. 209 termos; 2 filmes; 99 refs.; 3 webgrafias; alf.; geo.; ono.; 21,5 x 14,5 cm; enc.; *Associação Internacional Editares;* Foz do Iguaçu, PR; 2015; páginas 35 a 38, 77, 112 e 157.

35. **Idem; *Viragem Intermissiva;*** verbete In: **Vieira,** Waldo; (Org.); ***Enciclopédia da Conscienciologia Digital;*** 11.034 p.; glos. 2.498 (termos); 192 microbiografias; 147 tabs.; 191 verbetógrafos; 8ª Ed.; Digital; *Associação Internacional do Centro de Altos Estudos da Conscienciologia* (CEAEC); Foz do Iguaçu; PR; 2013; páginas 10.940 a 10.944.

36. **Marchioli,** Rodrigo; ***Paradever Intermissivo;*** verbete In: **Vieira,** Waldo; (Org.); ***Enciclopédia da Conscienciologia Digital;*** 11.034 p.; glos. 2.498 (termos); 192 microbiografias; 147 tabs.; 191 verbetógrafos; 8ª Ed.; Digital; *Associação Internacional do Centro de Altos Estudos da Conscienciologia* (CEAEC); Foz do Iguaçu; PR; 2013; páginas 7.947 a 7.953.

37. **Minero,** Luis; ***Demystifying the Out-of-body Experience: A Practical Manual for Exploration and Personal Evolution;*** pref. Wagner Alegretti; 378 p.; 7 caps.; 57 enus.; 5 esquemas; 2 estatísticas; 1 foto; 1 gráf.; 16 ilus.; 1 microbiografia; glos. 40 termos; 19 questionários; 10 relatos pessoais; 1 tab.; 112 refs.; alf.; br.; 23 x 12 cm; br.; *Llewellyn Publications;* Woodbury, MN; USA; 2012; páginas 281 a 283.

38. **Morem,** Dalva; ***Sempre é Tempo: Uma Reciclagem Existencial na Terceira Idade;*** pref. Rosemary Salles; revisores Áurea Andriolo, *et al.;* 222 p., 17 caps.;

17 *E-mails;* 3 enus.; 5 fotos; 1 microbiografia; 16 *websites;* glos. 51 termos; 7 refs.; alf.; 21 x 14 cm; br.; *Associação Internacional Editares;* Foz do Iguaçu, PR; 2009; página 165.

39. **Musskopf,** Tony; ***Autenticidade Consciencial;*** pref. Kátia Arakaki; revisores Claudio Lima; *et al.;* 376 p.; 6 seções; 107 caps.; 71 abrevs.; 22 *E-mails;* 155 enus.; 81 estrangeirismos; 1 microbiografia; 1 questionário da autenticidade consciencial com 10 perguntas e 10 respostas; 3 tabs.; 19 *websites;* glos. 237 termos; glos. 11 termos (neológico especializado); 6 filmes; 508 refs.; 1 anexo; alf.; geo.; ono.; 23,5 x 16,5 cm; br.; *Associação Internacional Editares;* Foz do Iguaçu, PR; 2012; páginas 203 e 204.

40. **Idem; *Remembrances of the Intermissive Course through the Expansion of the Mentalsoma;*** Artigo; *Journal of Conscientiology;* Revista; Trimestral; Vol. 7; N. 26; 1 enu.; *International Academy of Consciousness* (IAC); London; UK; October, 2004; páginas 169 a 173.

41. **Niemeyer,** Aline; ***Megapensenes Trivocabulares da Interassistencialidade;*** pref. Cristiane Ferraro; revisores Laurentino Afonso; *et al.;* 120 p.; 2 caps.; 3 citações; 24 *E-mails;* 5 enus.; 1 foto; 1 microbiografia; 22 *websites;* glos. 719 termos; 20 refs.; 21 x 14 cm; br.; *Associação Internacional Editares;* Foz do Iguaçu, PR; 2016; página 70.

42. **Nonato,** Alexandre; ***JK e os Bastidores da Construção de Brasília: Sob a Ótica da Conscienciologia;*** pref.; Waldo Vieira; apres.: Eduardo Martins; revisores Cathia Caporali; Erotides Louly; & Giséllle Razera; 400 p.; 56 caps.; 99 abrevs.; 13 apênds.; 3 cronologias; 66 entrevistados; 44 enus.; 4 filmografias; 68 fotos; 6 ilus.; 18 infografias; 1 mapa; 5 tabs.; 299 refs.; glos. 59 termos; ono.; geo.; índice de imagens; 20,5 x 16 cm; br.; *Associação Internacional Editares;* Foz do Iguaçu, PR; 2010; páginas 230 a 233, 266 e 267.

43. **Nonato,** Alexandre; *et al.;* ***Acoplamento Energético: Qualificando as Interações Energéticas com Pessoas e Ambientes no Dia a Dia*** *(Estudo a partir do Laboratório Acoplamentarium);* revisores Guilherme Kunz; *et al.;* 288 p.; 8 caps.; 25 citações; 24 *E-mails;* 90 enus.; 6 fotos; 1 ilus.; 5 microbiografias; 100 perguntas; 9 técnicas; 22 *websites;* glos. 83 termos; 17 filmes; 60 refs.; alf.; 21 x 14 cm; br.; *Associação Internacional Editares;* Foz do Iguaçu, PR; 2015; páginas 39 a 41.

44. **Nonato,** Alexandre; *et al.;* ***Inversão Existencial: Autoconhecimento, Assistência e Evolução desde a Juventude;*** pref. Waldo Vieira; revisoras Helena Alves Araújo; & Erotides Louly; 304 p.; 70 caps.; 17 *E-mails;* 62 enus.; 16 fotos; 5 microbiografias; 7 tabs.; 17 *websites;* glos. 155 termos; 376 refs.; 1 apênd.; 23 x 16 cm; br.; *Associação Internacional Editares;* Foz do Iguaçu, PR; 2011; páginas 37 e 38.

45. **Pâmela,** Laiza; ***Accessing your Intermissive Course using the Existential Inversion Technique and the Parapedagogic Laboratory: A Personal Account;*** Artigo; *Journal of Conscientiology;* Revista; Trimestral; Vol. 7; N. 26; 1 enu.;

1 microbiografia; 9 refs.; *International Academy of Consciousness* (IAC); London; UK; October, 2004; páginas 119 a 128.

46. **Pena,** Maria do Carmo Santos; ***Parapsychic Reeducation: A Coadjutant Instrument to Access Memories of the Intermissive Period;*** Artigo; *Journal of Conscientiology;* Revista; Trimestral; Vol. 7; N. 26; 4 enus.; 1 microbiografia; 8 refs.; *International Academy of Consciousness* (IAC); London; UK; October, 2004; páginas 103 a 110.

47. **Pereira,** Jayme; ***Bárbarah vai à Estrela;*** revisores Equipe de Revisores da Editares; 40 p.; 1 *E-mail;* 3 enus.; 6 fotos; 8 ilus.; 2 microbiografias; 1 *website;* 8 refs.; 28 x 21 cm; br.; *Associação Internacional Editares;* Foz do Iguaçu, PR; 2013; páginas 21 e 22.

48. **Idem;** ***Princípios do Estado Mundial Cosmoético;*** colaboração Dulce Daou; *et al.;* pref. Rosemary Salles; revisores Equipe de Revisores da Editares; 306 p.; 3 seções; 25 caps.; 8 citações; 21 *E-mails;* 142 enus.; 58 estrangeirismos; 1 foto; 1 microbiografia; 1 tab.; posf.; glos. 84 termos; 107 refs.; 9 webgrafias; 1 anexo; alf.; geo.; ono.; 23 x 16 cm; br.; *Associação Internacional Editares;* Foz do Iguaçu, PR; 2013; páginas 165 e 190.

49. **Ramos,** Osmar Filho; ***Cristo espera por ti;*** *(Romance de Honoré de Balzac);* pref. Gerard Genette; psicografado por Waldo Vieira; revisores Eduardo Ferreira; Erotides Louly; & Waldson Dias; 370 p.; 4 seções; 76 caps.; 9 cronologias; 1 *E-mail;* 1 enu.; 1 ilus.; 56 siglas; 1 *website;* 404 notas comentadas; 56 refs.; 23 x 16 cm; br.; Edição comentada; *Associação Internacional Editares;* Foz do Iguaçu, PR; 2007; páginas 25 a 29.

50. **Razera,** Graça; ***Hiperatividade Eficaz: Uma Escolha Consciente – Um Estudo Conscienciológico Sobre o TDAH – Transtorno da Desordem da Atenção e Hiperatividade Infantil;*** pref. João Bonassi; revisores Cristiane Ferraro; *et al.;* 258 p.; 2 seções; 23 caps.; 31 citações; 25 *E-mails;* 1 entrevista; 47 enus.; 8 esquemas; 7 estatísticas; 13 fichários; 1 foto; 2 fluxogramas; 2 gráfs.; 8 ilus.; 3 organogramas; 1 microbiografia; 29 siglas; 15 testes; 11 *websites;* glos. 132 termos; 4 filmes; 215 refs.; 1 anexo; alf.; 21 x 14 cm; *Instituto Internacional de Projeciologia e Conscienciologia* (IIPC); Rio de Janeiro, RJ; 2001; página 188.

51. **Rossa,** Dayane; ***Oportunidade de Viver: Estudo sobre a Existência Humana e o Sentido da Vida;*** pref. Amin Lascani; revisores Equipe de Revisores da Editares; 328 p.; 8 seções; 47 caps.; 22 *E-mails;* 192 enus.; 1 foto; 1 minicurrículo; 2 tabs.; 20 *websites;* glos. 179 termos; 10 filmes; 199 refs.; alf.; 23 x 16 cm; br.; *Associação Internacional Editares;* Foz do Iguaçu, PR; 2014; páginas 36, 57 a 61, 172 e 184 a 188.

52. **Sánchez,** Laura; ***Visit to a Training Centre for Inverters Awaiting Rebirth;*** Artigo; *Journal of Conscientiology;* Revista; Trimestral; Vol. 7; N. 26; *International Academy of Consciousness* (IAC); London; UK; October, 2004; páginas 181 a 184.

53. **Scheinpflug,** Werner; ***Os Cursos Intermissivos e suas Implicações;*** Artigo *1er Forum Internacional de Investigación de la Conciencia;* Barcelona, España, 21-24.10.99; 10 enus.; 2 esquemas; 1 foto; 6 refs.; *Instituto Internacional de Projeciologia e Conscienciologia;* Rio de Janeiro, RJ, 1999; páginas 59 a 70.

54. **Schneider,** Leonardo Gonçalves; ***As Amizades no Contexto da Invéxis;*** Artigo; *XI Congresso Internacional de Inversão Existencial; Conscientia;* Revista; Trimestral; Ed. especial; Vol. 18; N. 1; Seção: *Artigo Original;* 1 *E-mail;* 12 enus.; 1 microbiografia; 4 técnicas; 12 refs.; *Associação Internacional do Centro de Altos Estudos da Conscienciologia* (CEAEC); Foz do Iguaçu, PR; Janeiro-Março, 2014; página 38.

55. **Stédile,** Eliane; ***Conexão Cognitiva: Ideias de Vanguarda para a Ampliação de Pontos de Vista;*** Entrevistas: Eliane Stédile; pref. José Tadeu Athayde; revisor Marco Antônio Facury; 442 p.; 95 conexões cognitivas; 1 *E-mail;* 92 entrevistados; 5 enus.; 1 foto; 1 microbiografia; 95 temas de entrevistas; 2 *websites;* posf. Leandro Fidelis; 70 refs.; 23 x 16 cm; br.; *Epígrafe Editorial e Gráfica;* Foz do Iguaçu, PR; 2015; páginas 429 e 430.

56. **Teles,** Mabel; ***Profilaxia das Manipulações Conscienciais;*** colaboradores Eduardo Ferreira; & Ivo Valente; pref. Flavia Guzzi; revisores Ana Flávia Magalhães; *et al.;* 346 p.; 6 partes; 44 caps.; 1 cronologia; 22 *E-mails;* 223 enus.; 1 foto; 1 microbiografia; 32 perguntas; 2 tabs.; 10 *websites;* glos. 182 termos; 10 filmes; 344 refs.; 1 apênd.; ono.; 21 x 14 cm; br.; *Associação Internacional do Centro de Altos Estudos da Conscienciologia* (CEAEC); & *Associação Internacional Editares;* Foz do Iguaçu, PR; 2007; página 154.

57. **Idem;** ***Zéfiro: A Paraidentidade Intermissiva de Waldo Vieira;*** revisores Erotides Louly; *et al.;* 240 p.; 3 seções; 14 caps.; 113 citações; 22 *E-mails;* 32 enus.; 37 fotos; 1 linha do tempo; 1 microbiografia; 2 tabs.; 20 *websites;* glos. 210 termos; 45 refs.; alf.; geo.; ono.; 23 x 16 cm; br.; *Associação Internacional Editares;* Foz do Iguaçu, PR; 2014; páginas 101, 103, 134 a 136, 139, 146, 151 e 190.

58. **Thiago,** Glória; ***Vivendo em Múltiplas Dimensões;*** pref. Wagner Alegretti; revisores Sheila Guia; Tony Musskopf; & Werner Scheinpflug; 366 p.; 32 caps.; 50 cronologias; 16 *E-mails;* 56 enus.; 1 foto; 1 microbiografia; 4 questionários; 2 *websites;* glos. 124 termos; 29 refs.; alf.; 21 x 14 cm; br.; *Instituto Internacional de Projeciologia e Conscienciologia* (IIPC); Rio de Janeiro, RJ; 1999; página 307.

59. **Thomaz,** Marina; & **Pitaguary,** Antonio; Orgs.; ***Tenepes: Assistência Interdimensional Lúcida;*** revisores Erotides Louly; Eucárdio Derrosso; & Roseli Oliveira; 664 p.; 5 partes; 35 citações; 2 cronologias; 53 *E-mails;* 10 entrevistas; 290 enus.; 3 fotos; 26 gráfs.; 2 microbiografias; 68 perguntas; 68 respostas; 14 tabs.; 21 *websites;* glos. 210 termos; 18 notas; 2 filmes; 150 refs.; alf.; 23 x 16 x 3,5 cm; br.; *Associação Internacional Editares;* Foz do Iguaçu, PR; 2015; páginas 52 e 404.

60. **Tornieri,** Sandra; ***Mapeamento da Sinalética Energética Parapsíquica;*** pref. Hernande Leite; revisores Mabel Teles; *et al.;* 296 p.; 4 seções; 55 caps.;

1 citação; 23 *E-mails;* 153 enus.; 138 exemplos; 1 foto; 1 microbiografia; 55 pensatas; 11 questionamentos; 1 tab.; 11 técnicas; 2 testes; 21 *websites;* glos 135 termos (analógicos da Sinaleticologia); glos. 210 termos; 6 filmes; 51 refs.; 1 anexo; 2 apênds.; alf.; 21,5 x 14 cm; br.; *Associação Internacional Editares;* Foz do Iguaçu, PR; 2015; página 14.

61. **Vicenzi,** Luciano; ***Coragem para Evoluir;*** pref. Málu Balona; revisoras Gisele Salles; Karina Thomaz; & Márcia Abrantes; 188 p.; 8 caps.; 21 *E-mails;* 1 entrevista; 51 enus.; 1 foto; 2 ilus.; 1 microbiografia; 2 tabs.; 3 *websites;* glos. 37 termos; 50 refs.; alf.; 21 x 14 cm; br.; *Instituto Internacional de Projeciologia e Conscienciologia* (IIPC); Rio de Janeiro, RJ; 2001; página 22.

62. **Vieira,** Waldo; ***100 Testes da Conscienciometria;*** revisor Alexander Steiner; 232 p.; 100 caps.; 15 *E-mails;* 103 enus.; 1 foto; 1 microbiografia; 123 questionamentos; 2 *websites;* 14 refs.; alf.; 21 x 14 cm; br.; *Instituto Internacional de Projeciologia e Conscienciologia* (IIPC); Rio de Janeiro, RJ; 1997; página 82.

63. **Idem; *200 Teáticas da Conscienciologia: Especialidades e Subcampos;*** revisores Alexander Steiner; *et al.;* 260 p.; 200 caps.; 15 *E-mails;* 8 enus.; 1 foto; 1 microbiografia; 13 refs.; alf.; 21 x 14 cm; br.; *Instituto Internacional de Projeciologia e Conscienciologia* (IIPC); Rio de Janeiro, RJ; 1997; páginas 75, 102, 138 e 212.

64. **Idem; *700 Experimentos da Conscienciologia;*** 1.058 p.; 40 seções; 100 subseções; 700 caps.; 147 abrevs.; 1 cronologia; 100 datas; 1 *E-mail;* 600 enus.; 272 estrangeirismos; 2 tabs.; 300 testes; glos. 280 termos; 5.116 refs.; alf.; geo.; ono.; 28,5 x 21,5 x 7 cm; enc.; *Instituto Internacional de Projeciologia;* Rio de Janeiro, RJ; 1994; páginas 264, 451, 602 a 608.

65. **Idem; *Aceleração da História Pessoal; Acomodação Mimética; Agente Retrocognitivo Inato; Alavancagem da Proéxis; Amizade Raríssima; Autocompromisso Multidimensional; Autoparaprocedência Cursista; Bagagem Pré-Ressomática; Balanço Pré-Evoluciólogo; Cinco Ciclos; Cláusula Pétrea; Código Pessoal de Cosmoética; Colheita Intermissiva; Comitê de Pararrecepção; Consciência Cosmoética; Consciex Pesquisadora; Conscin Não Intermissivista; Convite ao Intermissivista; Curso Intermissivo; Desafio da Proéxis; Descensão Cosmoética; Esquadrinhamento Paraprocedencial; Etapa da Consecução; FEP do Intermissivista; Função do Intermissivista; Incompléxis; Incubação Intermissiva; Indução Intermissiva; Iniciativa Planetária Pioneira; Intermissão; Intermissão Mudancista; Intermissão Prolongada; Intermissivista; Intermissivista Inadaptado; Intermissivista Potencial; Lei da Proéxis; Megadesafio do Intermissivista; Miniproéxis; Momento da Megadecisão; Natureza Intermissiva; Neoconquista; Nível Intermissivo; Paradever; Pararrealidade Conscienciológica; Parexcursão Interplanetária; Pré-Intermissivista; Princípio do Exemplarismo Pessoal; Profissão Evitável; Profissão Herdada; Recin Intermissiva; Senso Universalista; Tacon; Tares Expositiva; Tempo dos Cursos Intermissivos; & Tirateima do Inter-***

missivista; verbetes; In: **Vieira,** Waldo; (Org.); ***Enciclopédia da Conscienciologia;*** 11.034 p.; glos. 2.498 termos (verbetes); 192 microbiografias; 147 tabs.; 191 verbetógrafos; 8ª Ed.; Versão Eletrônica; *Associação Internacional Editares* & *Associação Internacional do Centro de Altos Estudos da Conscienciologia* (CEAEC); Foz do Iguaçu, PR; 2013; páginas 195 a 198, 224 a 227, 370 a 378, 405 a 407, 475 a 478, 1.392 a 1.395, 1.820 a 1.823, 2.155 a 2.157, 2.173 a 2.176, 2.777 a 2.779, 2.801 a 2.804, 2.840 a 2.845, 2.918 a 2.921, 2.940 a 2.942, 3.169 a 3.171, 3.311 a 3.314, 3.393 a 3.395, 3.534 a 3.540, 3.788 a 3.793, 3.876 a 3.879, 3.905 a 3.907, 4.720 a 4.723, 4.808 a 4.811, 5.167 a 5.171, 5.329 a 5.333, 5.911 a 5.917, 5.934 a 5.937, 5.962 a 5.966, 6.028 a 6.030, 6.258 a 6.262, 6.263 a 6.265, 6.266 a 6.268, 6.269 a 6.271, 6.272 a 6.274, 6.275 a 6.279, 6.492 a 6.495, 6.970 a 6.973, 7.313 a 7.315, 7.366 a 7.370, 7.452 a 7.455, 7.481 a 7.485, 7.577 a 7.580, 7.943 a 7.946, 8.154 a 8.157, 8.250 a 8.253, 8.689 a 8.691, 8.824 a 8.826, 8.926 a 8.929, 8.930 a 8.932, 9.317 a 9.320, 9.806 a 9.811, 10.219 a 10.222, 10.254 a 10.257, 10.458 a 10.461 e 10.564 a 10.566.

66. **Idem;** ***Conscienciograma: Técnica de Avaliação da Consciência Integral;*** revisor Alexander Steiner; 344 p.; 150 abrevs.; 106 assuntos das folhas de avaliação; 3 *E-mails;* 11 enus.; 100 folhas de avaliação; 1 foto; 1 microbiografia; 100 qualidades da consciência; 2.000 questionamentos; 1 *website;* glos. 282 termos; 7 refs.; alf.; 21 x 14 cm; br.; *Instituto Internacional de Projeciologia;* Rio de Janeiro, RJ; 1996; páginas 55, 213, 215, 218 e 219.

67. **Idem;** ***Dicionário de Argumentos da Conscienciologia;*** revisores Equipe de Revisores do Holociclo; 1.572 p.; 1 *blog;* 21 *E-mails;* 551 enus.; 1 esquema da evolução consciencial; 18 fotos; glos. 650 termos; 19 *websites;* alf.; 28,5 x 21.5 x 7 cm; enc.; *Associação Internacional Editares;* Foz do Iguaçu, PR; 2014; páginas 73, 167, 208, 233, 237, 268, 301, 303, 354, 381 a 383, 412, 422, 466, 486, 497, 509 a 512, 516, 528, 539, 565, 597, 629, 713, 717, 718, 752, 757, 814, 821 a 833, 852, 857, 867, 872, 880, 907, 912, 918, 951, 963, 1.017, 1.164, 1.175, 1.194, 1.244, 1.262 a 1.264, 1.283 e 1.320.

68. **Idem;** ***Dicionário de Neologismos da Conscienciologia;*** Org. Lourdes Pinheiro; revisores Ernani Brito; *et al.;* 1.072 p.; 1 *blog;* 21 *E-mails;* 4.053 enus.; 1 *facebook;* 2 fotos; glos. 2.019 termos; 14.100 (termos neológicos) 1 listagem de neologismos; 1 microbiografia; 21 *websites;* 61 refs.; 28,5 x 21,5 x 7cm; enc.; *Associação Internacional Editares;* Foz do Iguaçu, PR; 2014; páginas 9, 10 e 305.

69. **Idem;** ***Homo sapiens pacificus;*** revisores Equipe de Revisores do Holociclo; 1.584 p.; 24 seções; 413 caps.; 403 abrevs.; 38 *E-mails;* 434 enus.; 484 estrangeirismos; 1 foto; 37 ilus.; 168 megapensenes trivocabulares; 1 microbiografia; 36 tabs.; 15 *websites;* glos. 241 termos; 25 pinacografias; 103 musicografias; 24 discografias; 20 cenografias; 240 filmes; 9.625 refs.; alf.; geo.; ono.; 29 x 21,5 x 7 cm; enc.; 3ª Ed. Gratuita; *Associação Internacional do Centro de Altos Estudos da Conscien-*

ciologia (CEAEC); & *Associação Internacional Editares;* Foz do Iguaçu, PR; 2007; páginas 143, 342, 397 a 399, 463, 895, 914, 943 a 945 e 987.

70. **Idem; *Homo sapiens reurbanisatus;*** revisores Equipe de Revisores do Holociclo; 1.584 p.; 24 seções; 479 caps.; 139 abrevs.; 12 *E-mails;* 597 enus.; 413 estrangeirismos; 1 foto; 40 ilus.; 1 microbiografia; 25 tabs.; 4 *websites;* glos. 241 termos; 3 infográficos; 102 filmes; 7.655 refs.; alf.; geo.; ono.; 29 x 21 x 7 cm; enc.; 3ª Ed. Gratuita; *Associação Internacional do Centro de Altos Estudos da Conscienciologia* (CEAEC); Foz do Iguaçu, PR; 2003; páginas 98, 117, 169, 189 a 191, 197, 200, 209, 244 a 248, 335, 455, 462 e 463, 487 a 496, 828, 833 a 835, 848 a 852, 944 e 1.064 a 1.067.

71. **Idem; *Léxico de Ortopensatas;*** revisores Equipe de Revisores do Holociclo; 2 Vols.; 1.800 p.; Vols. 1 e 2; 1 *blog;* 652 conceitos analógicos; 22 *E-mails;* 19 enus.; 1 esquema da evolução consciencial; 17 fotos; glos. 6.476 termos; 1.811 megapensenes trivocabulares; 1 microbiografia; 20.800 ortopensatas; 2 tabs.; 120 técnicas lexicográficas; 19 *websites;* 28,5 x 22 x 10 cm; enc.; *Associação Internacional Editares;* Foz do Iguaçu, PR; 2014; páginas 333 a 336, 897, 899 e 905 a 910.

72. **Idem; *Manual da Dupla Evolutiva;*** revisores Alexander Steiner; Cristiane Ferraro; & Graça Razera; 212 p.; 40 caps.; 15 *E-mails;* 88 enus.; 1 foto; 1 microbiografia; 1 teste; 2 *websites;* 16 refs.; alf.; 21 x 14 cm; br.; *Instituto Internacional de Projeciologia e Conscienciologia* (IIPC); Rio de Janeiro, RJ; 1997; páginas 15, 73 e 100.

73. **Idem; *Manual da Proéxis: Programação Existencial;*** revisores Alexander Steiner; Cristiane Ferraro; 172 p.; 40 caps.; 15 *E-mails;* 88 enus.; 1 foto; 1 microbiografia; 2 *websites;* 17 refs.; alf.; 21 x 14 cm; br.; 2ª Ed.; *Instituto Internacional de Projeciologia e Conscienciologia* (IIPC); Rio de Janeiro, RJ; 1998; páginas 12, 18, 31 e 32, 127 e 138.

74. **Idem; *Manual da Tenepes: Tarefa Energética Pessoal;*** revisores Alexander Steiner; 142 p.; 34 caps.; 147 abrevs.; 1 *E-mail;* 52 enus.; 1 foto; 1 microbiografia; 1 tab.; 1 teste; glos. 282 termos; 5 refs.; alf.; 21 x 14 cm; br.; *Instituto Internacional de Projeciologia;* Rio de Janeiro, RJ; 1995; páginas 51 a 54.

75. **Idem; *Manual de Redação da Conscienciologia;*** revisores Alexander Steiner; *et al.;* 276 p.; 15 seções; 150 caps.; 152 abrevs.; 23 *E-mails;* 54 enus.; 274 estrangeirismos; 30 expressões idiomáticas portuguesas; 1 foto; 60 locuções do idioma espanhol; 85 megapensenes trivocabulares; 1 microbiografia; 30 pesquisas; 6 técnicas; 30 teorias; 8 testes; 60 tipos de artefatos do saber; 60 vozes de animais; 3 *websites;* glos. 300 termos; 609 refs.; 28 x 21 cm; br.; 2ª Ed. rev.; *Associação Internacional do Centro de Altos Estudos da Conscienciologia* (CEAEC); Foz do Iguaçu, PR; 2002; páginas 55 a 272.

76. **Idem; *Nossa Evolução;*** revisores Alexander Steiner; & Sheila Guia; 168 p.; 15 caps.; 149 abrevs.; 1 *E-mail;* 1 foto; 1 microbiografia; 162 perguntas; 162

respostas; 1 *website;* glos. 282 termos; 6 refs.; alf.; 21 x 14 cm; br.; *Instituto Internacional de Projeciologia;* Rio de Janeiro, RJ; 1996; páginas 51 a 54.

77. **Idem;** ***O que é a Conscienciologia;*** 184 p.; 100 caps.; 1 *E-mail;* 1 foto; 1 microbiografia; 15 técnicas; 11 testes; glos. 280 termos; 3 refs.; alf.; 21 x 14 cm; br.; *Instituto Internacional de Projeciologia;* Rio de Janeiro, RJ; 1994; páginas 123 e 124.

78. **Idem;** ***Projeciologia: Panorama das Experiências da Consciência Fora do Corpo Humano;*** revisores Alexander Steiner; *et al.;* 1.232 p.; 18 seções; 525 caps.; 150 abrevs.; 16 *E-mails;* 1.156 enus.; 1 escala; 1 foto; 3 gráfs.; 42 ilus.; 1 microbiografia; 1 sinopse; 2 tabs.; 2 *websites;* glos. 300 termos; 1.907 refs.; alf.; geo.; ono.; 28 x 21 x 7 cm; enc.; 4ª Ed. revisada e ampliada; *Instituto Internacional de Projeciologia e Conscienciologia* (IIPC); Rio de Janeiro, RJ; 1999; páginas 817 a 821.

79. **Idem;** ***Projeções da Consciência: Diário de Experiências Fora do Corpo Físico;*** revisor Alexander Steiner; 224 p.; 60 caps.; 1 cronologia; 1 *E-mail;* 5 enus.; 1 foto; 1 microbiografia; 1 questionário projetivo; glos. 24 termos; alf.; 21 x 14 cm; br.; 5ª Ed. rev.; *Instituto Internacional de Projeciologia;* Rio de Janeiro, RJ; 1995; páginas 24 a 26.

80. **Idem;** ***Temas da Conscienciologia;*** revisores Alexander Steiner; Cristiane Ferraro; & Graça Razera; 232 p.; 7 seções; 90 caps.; 10 diagnósticos; 15 *E-mails;* 115 enus.; 1 foto; 1 microbiografia; 10 pesquisas; 30 testes conscienciométricos; 2 tabs.; 2 *websites;* 16 refs.; alf.; ono.; 21 x 14 cm; br.; *Instituto Internacional de Projeciologia e Conscienciologia* (IIPC); Rio de Janeiro, RJ; 1997; página 123.

81. **Zolet**, Lilian; ***Parapsiquismo na Infância: Perguntas e Respostas;*** pref. Moacir Gonçalves; revisora Cathia Caporali; 256 p.; 4 partes; 104 caps.; 22 *E-mails;* 51 enus.; 1 foto; 1 microbiografia; 104 perguntas e 104 respostas; 1 tab.; 20 *websites;* glos. 172 termos; 23 filmes; 83 refs.; 4 webgrafias; alf.; ono.; 21 x 14 cm; br.; *Associação Internacional Editares;* Foz do Iguaçu, PR; 2014; página 55.

82. **Zolet,** Simone; & **Marques,** Fabio; ***Paraidentidade Intermissiva: Retrocognição do Melhor em você. Uma Abordagem Autoconscienciométrica;*** Artigo; *II Jornada Internacional de Conscienciometrologia;* Foz do Iguaçu, PR; 04-06.07.14; *Glasnost;* Revista; Anuário; Ano 1; N. 1; Seção*: Oficina;* 2 *E-mails;* 2 enus.; 2 minicurrículos; *Associação Internacional do Centro de Altos Estudos da Conscienciologia* (CEAEC); Foz do Iguaçu, PR; 2014; página 7.

ANEXOS

Curso Intermissivo*
(Intermissiologia)

I. Conformática

Definologia. O *Curso Intermissivo* (CI) é o conjunto de disciplinas, ensinadas de acordo com programas traçados em série de aulas e experiências teáticas, administradas à consciex depois de determinado nível evolutivo lúcido, durante o período da intermissão consciencial (Intermissiologia, Extrafisicologia), dentro do *ciclo de existências humanas pessoais,* objetivando o completismo consciencial (compléxis) da programação existencial (proéxis), na próxima vida intrafísica.

Tematologia. Tema central homeostático.

Etimologia. O termo *curso* vem do idioma Latim, *cursus,* "ato de correr, corrida; viagem; direção, fluxo; curso de um rio; serviço dos despachos imperiais; curso; marcha, andamento; duração". Surgiu no Século XIII. O prefixo *inter* deriva também do idioma Latim, *inter,* "no interior de 2; entre; no espaço de". O vocábulo *missão* procede do mesmo idioma Latim, *missio, missionis,* "ação de enviar, remessa; missão", de *mittere,* "deixar ir, partir; soltar, largar, lançar; atirar". Apareceu também no Século XIII.

Sinonimologia: 1. CI. 2. Curso Pré-ressomático. 3. Curso Pós-dessomático. 4. Curso Extrafísico.

Neologia. As 3 expressões compostas *Curso Intermissivo, Curso Intermissivo Elementar* e *Curso Intermissivo Superior* são neologismos técnicos da Intermissiologia.

Antonimologia: 1. Curso de Conscienciologia. 2. Curso formal de universidade. 3. Tertúlia conscienciológica.

Estrangeirismologia: o *Intermissarium.*

Atributologia: predomínio das percepções extrassensoriais, notadamente do autodiscernimento quanto à intermissibilidade pessoal.

II. Fatuística

Pensenologia: o holopensene pessoal da paraperceptibilidade; os ortopensenes; a ortopensenidade.

Fatologia: a autoconvicção; a vivência intrafísica em dupla evolutiva; a maxiproéxis.

Parafatologia: o *Curso Intermissivo* (CI); o *Curso Intermissivo* pré-ressomático (primário); o *Curso Intermissivo* pós-dessomático (secundário); o *Curso Intermis-*

* Verbete extraído da *Enciclopédia da Conscienciologia.*

sivo sofisticado; o transe da segunda dessoma como pré-requisito ao *Curso Intermissivo;* a extensão do porão consciencial como indício do nível do *Curso Intermissivo;* o *Curso Intermissivo* inconsciente (comum) ou rememorado (raro); os indícios do *Curso Intermissivo;* o *Curso Intermissivo* pessoal presumível através das retrocognições; a rememoração das aulas e matérias do *Curso Intermissivo;* os *Cursos de Conscienciologia* como imitações humanas dos *Cursos Intermissivos;* a escolaridade *extrafísica* revivida; os cursos *extrafísicos* de admissão; o vestibular *extrafísico* para a ressoma; as excursões *extrafísicas* de aprendizagem; a dinamização *extrafísica* da autevolução; a inteligência evolutiva (IE) *extrafísica;* a aprendizagem *extrafísica* especializada; o nível escolar intermissivo do voluntário ou voluntária; o descarte das automimeses inúteis; o estudo pessoal do incompléxis recente; o autorrevezamento multiexistencial; a Interlúdio.

III. Detalhismo

Teoriologia. Do ponto de vista da *Experimentologia,* a realidade dos *Cursos Intermissivos* vem ampliar a *filosofia educacional,* lançando desafios às *teorias contemporâneas de ensino,* explicando ampla série de fatos envolvendo superdotados, precocidades, pessoas parapsíquicas, gênios, alunos e professores em todas as linhas do conhecimento humano.

Laboratoriologia: o *laboratório conscienciológico do Curso Intermissivo.*

Filiologia: a evoluciofilia.

Holotecologia: a intermissioteca; a proexoteca; a hiperespaçoteca.

Interdisciplinologia: a Intermissiologia; a Parapedagogia; a Extrafisicologia; a Pré-ressomatologia; a Pós-dessomatologia; a Para-Historiologia; a Proexologia; a Holomnemônica; a Autopesquisologia; a Projeciologia; a Definologia; a Parafatuística; a Parageografologia.

IV. Perfilologia

Elencologia: as consciexes colegas do CI.

Masculinologia: o intermissivista; o ex-aluno do CI; os docentes extrafísicos; o amparador extrafísico; os voluntários das ICs; o inversor existencial agente retrocognitor inato; o conscienciólogo; o evoluciólogo.

Femininologia: a intermissivista; a ex-aluna do CI; as docentes extrafísicas; a amparadora extrafísica; as voluntárias das ICs; a inversora existencial agente retrocognitora inata; a consciencióloga; a evolucióloga.

Hominologia: o *Homo sapiens evolutiologus.*

V. Argumentologia

Exemplologia: *Curso Intermissivo Elementar* = o primeiro curso primário da consciex na intermissão; *Curso Intermissivo Superior* = o curso mais avançado da consciex na intermissão.

Taxologia. Dentro do universo da *Proexologia,* há duas categorias de programações existenciais quanto ao *Curso Intermissivo:*

1. **Técnica:** a proéxis com o CI pré-ressomático, rememorado e aplicado por intermédio dos atos na vida humana.

2. **Instintiva:** a proéxis sem o CI pré-ressomático, realidade antiquada e milenar.

Microminoria. Segundo a *Parassociologia,* quem concluiu o *Curso Intermissivo* pode se considerar *ser extraterrestre,* ou esdrúxulo, nesta dimensão, neste Século XXI, devido à microminoria de consciexes com tal expressiva conquista evolutiva. Isso significa, portanto, superresponsabilidade cosmoética, evolutiva, assistencial.

Fins. Sob a ótica da *Intrafisicologia,* quem se aplicou ao *Curso Intermissivo* pré-ressomático assume o costume de colocar os *fins* habituais das pessoas como sendo meros *meios,* incluindo aí a profissão, determinados cursos formais, certos empregos e outras aquisições e valores normalmente vitais ou essenciais aos cidadãos e cidadãs em geral. Neste caso, as conquistas humanas tradicionais se tornam simples degraus passageiros para se alcançar patamares, objetivos superiores e consciencialmente mais evoluídos.

Clivagem. Pelos conceitos da *Mentalsomatologia,* o *Curso Intermissivo* abre evidente clivagem cultural evolutiva entre as conscins. É o maior agente discriminador, extrafísico, atuando sobre a Humanidade Terrestre. Esta situação vai se expandir ainda mais nos próximos séculos.

Perguntas. Eis duas perguntas simples do *Curso Intermissivo* avançado apresentadas à consciência recém-chegada à intermissão pós-dessomática:

1. **Alcoolismo.** Você bebeu (álcool, drogas) quantos anos da vida intrafísica?

2. **Obesidade.** Você comeu (em excesso) quantos anos da vida intrafísica?

Autorrevezamentos. Pela *Evoluciologia,* o *Curso Intermissivo* tem como escopo o desfrute produtivo da existência humana, dentro da evolução, catalisando os autorrevezamentos multiexistenciais.

Planejamento. No universo da *Conscienciometrologia,* o CI estabelece o planejamento técnico detalhado com o evoluciólogo, de nova vida intrafísica na Terra.

Pararrealidades. No âmbito da *Projeciologia,* os projetores conscientes visitantes mencionam a existência de várias *realidades extrafísicas:* estabelecimentos de ensino paramateriais em comunidades extrafísicas; corpos discentes de consciexes estudantes residentes; consciexes prestes a iniciar a ressoma personificando existências simuladas ao modo de ensaios teatrais; obras transcendentes de morfopensenes ou pensenes consistentes de co-criadores mentais evoluídos; instalações de duplicatas ou maquetes vivas (morfopensenes) de variados ambientes humanos.

Pré-requisitos. Pelos critérios da *Ressomatologia,* a consciex candidata à ressoma, admitida nos *cursos intermissivos avançados* de paraensino especializado, apresenta 4 características de competência ou pré-requisitos: alcançou a paradultidade intermissiva; passou pelo choque consciencial da segunda dessoma; não experimenta vida humana *trancada,* sem projeções conscientes; não vive mais vida humana crítica, sujeita às transmigrações interplanetárias, extrafísicas, *para menor.*

Currículos. Eis, na ordem alfabética, 25 temas de aulas e pesquisas supostamente integrantes dos currículos didáticos dos *Cursos Intermissivos* pré-somáticos, relevantes para a autocrítica da experimentadora ou experimentador lúcidos da Conscienciologia:

01. **Abnegação.** *Auto*ssacrifícios (*auto*imperdoador) mais *hetero*perdão (perdão *in saeculum saeculorum*) visando à dinamização do policarma na maxifraternidade.

02. **AM.** Autoconscientização multidimensional (epicon e hiperacuidade).

03. **Aprendizagem.** Exercícios conscienciais pré-ressomáticos ou intermissivos úteis.

04. **Assistenciologia.** Prática do parapsiquismo assistencial na intermissão.

05. **Autoconsciência.** Autoconsciência quanto à seriéxis, completude intrafísica (compléxis), inversão existencial (invéxis) e moratória existencial (moréxis).

06. **Consciexologia.** Prática das parapercepções lúcidas no período intermissivo.

07. **Conscin.** Prática da autoprojetabilidade lúcida, útil, no período intrafísico.

08. **Cosmoeticologia.** Fundamentos da vivência da Cosmoética na multidimensionalidade.

09. **Evoluciologia.** Abordagens extrafísicas *versus* abordagens intrafísicas e práticas (teáticas) da problemática evolutiva da consciência.

10. **Genética.** Técnica consciencial de *re*convivência sadia com a Genética.

11. **Holochacralogia.** Autodomínio energético da consciência (primener).

12. **Holomaturologia.** Manutenção da holomaturidade na matéria densa (somática).

13. **Invexologia.** Técnica avançada da inversão existencial (invéxis) e a dupla evolutiva.

14. **Livre-arbítrio.** Técnica da maturidade no emprego do livre-arbítrio pessoal.

15. **Maxifraternismo.** Prodigalidade humana *versus* maxifraternismo autoconsciente na vida intrafísica e as automimeses já dispensáveis.

16. **Mesologia.** Técnica consciencial do autodomínio da Mesologia na Terra.

17. **Multidimensionalidade.** Obtenção da condição da intrafisicalidade universalista.

18. **Neofilia.** Técnica da dinamização das desrepressões pessoais na vida humana.

19. **Ofiexologia.** Prática do parapsiquismo assistencial no período projetado da conscin.

20. **Policarmologia.** Predisposições pessoais ao policarma vivenciado na Terra.

21. **Reflexões.** Melhoria das reflexões fundamentais da consciência em evolução.

22. **Retrocognições.** Dinamização das sondagens autorretrocognitivas intrafísicas e extrafísicas, lúcidas e sadias. Recordar com lucidez é evitar erros contumazes.

23. **Serenologia.** Fundamentos da vivência em definitivo do serenismo consciencial.

24. **Tares.** Serviço assistencial consolador (tacon) *versus* esclarecedor (tares).

25. **Visitologia.** Excursões curtas com equipes técnicas, organizadas pelo Orientador Evolutivo, a outros planetas habitados e no estudo das transmigrações interplanetárias.

Níveis. Há *Cursos Intermissivos* de níveis diversos. No *Curso Intermissivo Avançado*, de alto nível, destacam-se 4 *objetivos* básicos: a autevolução, o desfrute produtivo da existência intrafísica, as tarefas evolutivas pessoais e o planejamento técnico da vida humana próxima.

Trafores. Há *verdades,* sugestões, rumores, boatos, meias-verdades e mentiras. Se você deseja se inteirar do possível CI pessoal, analise com extrema autocrítica se evidencia, pelo menos, 5 destes 10 traços de personalidade (traf*o*res) – aqui dispostos na ordem funcional – e qual a profundidade, extensão, vigor e qualidade das manifestações em você:

01. **Autoconfiança.** Ausência íntima de dúvidas mortificadoras quando adulto.

02. **Autoconscientização.** Certeza de possuir o *senso da imortalidade,* a consciência da vida eterna, dentro de si, na essência do microuniverso pessoal.

03. **Priorização.** Aspiração entranhada quanto ao aproveitamento útil da atual existência, buscando discernimento, conhecimento geral e o autoconhecimento maior.

04. **Seriexologia.** Aceitação natural, íntima, da *teoria da seriéxis* como fato pacífico, incorporado à existência do dia a dia.

05. **Hiperacuidade.** Vivência de inspirações iluminadoras (ideias inatas) sobre o próprio destino, a carreira profissional pessoal (proéxis), ou a vida humana em si (seriéxis).

06. **Automotivação.** Automotivação espontânea para pesquisas e desempenhos de práticas energéticas e parapsíquicas beneficentes ou assistenciais.

07. **Parapercepciologia.** Autopercepções anímicas e parapsíquicas esporádicas, porém convincentes e pacificadoras para si próprio.

08. **Proexologia.** Intuições indefinidas, mas persistentes, sobre alguma tarefa existencial importante (proéxis) a ser realizada ou em franco desenvolvimento.

09. **Autorretrocognições.** Autorretrocognições lógicas, coerentes, definidoras e enriquecedoras. As retrocognições *doentias* compõem o catálogo das auto-omissões deficitárias.

10. ***Omninteração.*** Identificação pessoal e autoconsciente quanto ao Cosmos, à vida e à ordem no Universo, existente sob controle permanente de consciexes evoluídas.

Retoques. Se você não identifica no próprio microuniverso consciencial estes traf*o*res e, apesar disso, insiste em fazer CI na próxima intermissão, não desanime. Os CIs evoluem constantemente, e são acessíveis a todas as consciências motivadas. Dê os primeiros passos para alcançar tal objetivo. Retoque a existência aplicando a máxima força de vontade na correção de equívocos pessoais, desde já. O direito de conhecer a si mesmo, e agir sobre si, é intransferível e personalíssimo.

Pré-serenões. O CI para consciexes pré-serenonas é composto por amplo corpo discente de variado elenco de ex-conscins (ex-homens e ex-mulheres), ao modo destes 7 perfis:

1. **Alquimistas.** Ex-alquimistas pioneiros da Ciência Convencional; ex-enciclopedistas.

2. **Assistentes.** Ex-personalidades interassistenciais de todas as épocas.

3. **Cidadãos.** Ex-cidadãos e ex-cidadãs, mais lúcidos, de todas as Sociedades Intrafísicas (Socins), através dos milênios da História Humana.

4. **Filósofos.** Ex-filósofos da Grécia Antiga (Helenismo) de múltiplas linhas de cognição.

5. **Gênios.** Ex-gênios da humanidade ou os *gigantes dos séculos,* em geral.

6. **Iniciados.** Ex-iniciados, parapsiquistas não-fanáticos, de todos os gêneros de seitas e religiões.

7. **Inventores.** Ex-inventores, descobridores e heuristas criativos, benfeitores da Humanidade.

Parapedagogia. Sob o prisma da *Parapedagogia,* o *Instituto Internacional de Projeciologia e Conscienciologia* (IIPC), e todas as ICs, praticamente foram criados em função dos *Cursos Intermissivos,* sendo os docentes humanos agentes retrocognitores (catalisadores) dos ex-alunos, agora conscins, buscadores das ICs com interesses e objetivos afins.

Recíproca. Contudo, a recíproca também é verdadeira: os *Cursos Intermissivos* estão mais enriquecidos, do ponto de vista direto, vivencial, em função também do IIPC e das ICs, porque hoje as gerações novas de estudantes extrafísicos dos CIs encontram nas visitas constantes às atividades, eventos e realizações da Conscienciologia, a possibilidade de observação de outro curso prático quanto às experimentações intrafísicas, a finalidade essencial dos CIs.

Testemunhas. Por isso, os voluntários componentes da *Comunidade Conscienciológica Cosmoética Internacional* (CCCI), incluindo todas as ICs ativas, são observados e analisados, o tempo todo, por testemunhas extrafísicas chegando, estatisticamente, na média do dobro de consciexes-alunos-ouvintes em relação ao número de conscins-alunos-regulares.

VI. Acabativa

Remissiologia. Pelos critérios da *Mentalsomatologia,* eis, por exemplo, na ordem alfabética, 7 verbetes da *Enciclopédia da Conscienciologia,* e respectivas especialidades e temas centrais, evidenciando relação estreita com o *Curso Intermissivo,* indicados para a expansão das abordagens detalhistas, mais exaustivas, dos pesquisadores, mulheres e homens interessados:

1. **Aplicação da neoideia:** Heuristicologia; Neutro.
2. **Autoevocação:** Mnemossomatologia; Neutro.
3. **Iniciativa planetária pioneira:** Experimentologia; Homeostático.
4. **Interlúdio:** Parageografologia; Homeostático.
5. **Jubileu evolutivo:** Intrafisicologia; Homeostático.
6. **Paraprocedência:** Extrafisicologia; Neutro.
7. **Retropensenidade:** Pensenologia; Neutro.

QUEM ADMITE AS HIPÓTESES DA *MACROSSOMÁTICA* ***E DA*** *PARAGENÉTICA* ***COMO REALIDADES, MESMO AINDA NÃO PESQUISADAS PROFUNDAMENTE, EVIDENCIA TER FEITO O*** *CURSO INTERMISSIVO* ***PRÉ-RESSOMÁTICO.***

Questionologia. Você participou de *Curso Intermissivo* pré-ressomático? Quais as evidências alcançadas por você para esta convicção? Dentro das faixas do grupocarma, você veio de qual nível de CI: do avançado, do mediano ou do rudimentar?

Bibliografia Específica:

01. **Vieira,** Waldo; ***Conscienciograma: Técnica de Avaliação da Consciência Integral;*** 344 p.; 150 abrevs.; 11 enus.; 100 folhas de avaliação; 4 índices; 2.000 itens; glos. 282 termos; 7 refs.; alf.; 21 x 14 cm; br.; *Instituto Internacional de Projeciologia;* Rio de Janeiro, RJ; 1996; páginas 55, 61, 64, 93, 163, 189 e 215.

02. **Idem; *200 Teáticas da Conscienciologia;*** 260 p.; 200 caps.; 13 refs.; alf.; 21 x 14 cm; br.; *Instituto Internacional de Projeciologia e Conscienciologia* (IIPC); Rio de Janeiro, RJ; 1997; página 75.

03. **Idem; *Homo sapiens reurbanisatus;*** 1.584 p.; 479 caps.; 139 abrevs.; 40 ilus.; 7 índices; 102 sinopses; glos. 241 termos; 7.655 refs.; alf.; geo.; ono.; 29 x 21 x 7 cm; enc.; 3ª Ed. Gratuita; *Associação Internacional do Centro de Altos Estudos da Conscienciologia* (CEAEC); Foz do Iguaçu, PR; 2004; páginas 54, 84, 86, 106, 111, 112, 143, 169, 177, 189 a 191, 197, 318, 335, 355, 401, 463, 466, 490, 542, 549, 828, 835 e 1.099.

04. **Idem; *Manual da Dupla Evolutiva;*** 208 p.; 40 caps.; 16 refs.; alf.; 21 x 14 cm; br.; *Instituto Internacional de Projeciologia e Conscienciologia* (IIPC); Rio de Janeiro, RJ; 1997; páginas 15, 73, 84 e 100.

05. **Idem; *Manual da Proéxis: Programação Existencial;*** 168 p.; 40 caps.; 17 refs.; alf.; 21 x 14 cm; br.; 3ª Ed.; *Instituto Internacional de Projeciologia e Conscienciologia* (IIPC); Rio de Janeiro, RJ; 2003; páginas 12, 18 e 127.

06. **Idem; *Manual da Tenepes: Tarefa Energética Pessoal;*** 138 p.; 34 caps.; 147 abrevs.; glos. 282 termos; 5 refs.; alf.; 21 x 14 cm; br.; *Instituto Internacional de Projeciologia;* Rio de Janeiro, RJ; 1995; páginas 60 e 88.

07. **Idem; *Manual de Redação da Conscienciologia;*** 272 p.; 152 abrevs.; 274 estrangeirismos; glos. 300 termos; 28 x 21 cm; br.; 2ª Ed. revisada; *Associação Internacional do Centro de Altos Estudos da Conscienciologia* (CEAEC); Foz do Iguaçu, PR; 2002; página 22.

08. **Idem; *Nossa Evolução;*** 168 p.; 15 caps.; 149 abrevs.; glos. 282 termos; 6 refs.; alf.; 21 x 14 cm; br.; *Instituto Internacional de Projeciologia;* Rio de Janeiro, RJ; 1996; páginas 14 a 16, 21, 41 e 124.

09. **Idem; *O Que é a Conscienciologia;*** 192 p.; 100 caps.; glos. 280 termos; 3 refs.; alf.; 21 x 14 cm; br.; 3ª Ed.; *Associação Internacional Editares;* Foz do Iguaçu, PR; 2005; páginas 123 e 124.

10. **Idem; *Projeciologia: Panorama das Experiências da Consciência Fora do Corpo Humano;*** 1.248 p.; 525 caps.; 150 abrevs.; 43 ilus.; 5 índices; 1 sinopse; glos. 300 termos; 2.041 refs.; alf.; geo.; ono.; 28 x 21 x 7 cm; enc.; 4ª Ed. revisada e ampliada; *Instituto Internacional de Projeciologia e Conscienciologia* (IIPC); Rio de Janeiro, RJ; 1999; páginas 817 a 821.

11. **Idem; *700 Experimentos da Conscienciologia;*** 1.058 p.; 700 caps.; 147 abrevs.; 600 enus.; 8 índices; 2 tabs.; 300 testes; glos. 280 termos; 5.116 refs.; alf.; geo.; ono.; 28,5 x 21,5 x 7 cm; enc.; *Instituto Internacional de Projeciologia;* Rio de Janeiro, RJ; 1994; páginas 189, 204, 218, 451, 484, 563, 565, 596, 597, 603, 604, 609, 616, 678, 690, 702 e 706.

12. **Idem; *Temas da Conscienciologia;*** 232 p.; 90 caps.; 16 refs.; alf.; 21 x 14 cm; br.; *Instituto Internacional de Projeciologia e Conscienciologia* (IIPC); Rio de Janeiro, RJ; 1997; página 13.

Seleção de Verbetes da Enciclopédia da Conscienciologia

Abaixo estão enumerados na ordem alfabética 70 verbetes da *Enciclopédia da Conscienciologia* relacionados à temática desta obra, com objetivo de otimizar as pesquisas do leitor ou leitora:

01. **Aceleração da História Pessoal** (Evoluciologia; Homeostático).
02. **Acomodação Mimética** (Automimeticologia; Nosográfico).
03. **Agente Retrocognitivo Inato** (Invexologia; Homeostático).
04. **Agente Retrocognitor** (Mnemossomatologia; Homeostático).
05. **Alavancagem da Proéxis** (Proexologia; Homeostático).
06. **Amizade Intermissivista** (Conviviologia; Homeostático).
07. **Amizade Raríssima** (Conviviologia; Neutro).
08. **Autocompromisso Multidimensional** (Multidimensionologia; Homeostático).
09. **Autoparaprocedência Cursista** (Intermissiologia; Homeostático).
10. **Bagagem Pré-ressomática** (Intermissiologia; Neutro).
11. **Balanço Pré-Evoluciólogo** (Autoproexologia; Homeostático).
12. **Cinco Ciclos** (Autoproexologia; Homeostático).
13. **Cláusula Pétrea** (Proexologia; Homeostático).
14. **Código Pessoal de Cosmoética** (Cosmoeticologia; Homeostático).
15. **Colheita Intermissiva** (Evoluciologia; Homeostático).
16. **Comitê de Pararrecepção** (Intermissiologia; Neutro).
17. **Conexão Intermissiva** (Intermissiologia; Homeostático).
18. **Consciex Pesquisadora** (Intermissiologia; Homeostático).
19. **Conscin Não Intermissivista** (Interassistenciologia; Neutro).
20. **Convite ao Intermissivista** (Autexperimentologia; Homeostático).
21. **Criatividade Intermissivista** (Verponologia; Homeostático).
22. **Curso Intermissivo** (Intermissiologia; Homeostático).
23. **Desafio da Proéxis** (Proexologia; Homeostático).
24. **Descensão Cosmoética** (Evoluciologia; Homeostático).
25. **Desestagnação do Intermissivista** (Autopriorologia; Homeostático).
26. **Efeito Intermissivo** (Autevoluciologia; Homeostático).
27. **Escola de Líderes Cosmoéticos** (Liderologia; Homeostático).
28. **Esquadrinhamento Paraprocedencial** (Paresquadrinhologia; Neutro).

29. **Etapa da Consecução** (Autoproexogramologia; Homeostático).
30. **FEP do Intermissivista** (Autevoluciologia; Homeostático).
31. **Função do Intermissivista** (Proexologia; Neutro).
32. **Geronte Pré-Intermissivista** (Recexologia; Homeostático).
33. **Incompléxis** (Autoproexologia; Nosográfico).
34. **Incubação Intermissiva** (Intermissiologia; Homeostático).
35. **Indução Intermissiva** (Intermissiologia; Homeostático).
36. **Iniciativa Planetária Pioneira** (Experimentologia; Homeostático).
37. **Inteligência Financeira Proexogênica** (Proexologia; Neutro).
38. **Intermissão** (Intermissiologia; Neutro).
39. **Intermissão Mudancista** (Intermissiologia; Homeostático).
40. **Intermissão Prolongada** (Intermissiologia; Neutro).
41. **Intermissiometria** (Paraconscienciometrologia; Neutro).
42. **Intermissivista** (Intermissiologia; Homeostático).
43. **Intermissivista Inadaptado** (Parapatologia; Nosográfico).
44. **Intermissivista Obnubilado** (Parapatologia; Nosográfico).
45. **Intermissivista Potencial** (Intermissiologia, Neutro).
46. **Lei da Proéxis** (Proexologia; Homeostático).
47. **Manual do Intermissivista** (Proexologia, Homeostático).
48. **Megadesafio do Intermissivista** (Maxiproexologia; Homeostático).
49. **Miniproéxis** (Miniproexologia; Homeostático).
50. **Momento da Megadecisão** (Recexologia; Neutro).
51. **Natureza Intermissiva** (Intermissiologia; Neutro).
52. **Neoconquista** (Autevoluciologia; Homeostático).
53. **Nível Intermissivo** (Intermissiologia; Homeostático).
54. **Paradever Intermissivo** (Intermissiologia; Homeostático).
55. **Pararrealidade Conscienciológica** (Intermissiologia; Homeostático).
56. **Parexcursão Interplanetária** (Intermissiologia; Homeostático).
57. **Precocidade Intermissivista** (Intrafisicologia; Homeostático).
58. **Pré-Intermissivista** (Intrafisicologia; Homeostático).
59. **Princípio do Exemplarismo Pessoal** (Cosmoeticologia; Homeostático).
60. **Professor Intermissivista** (Parapedagogia; Homeostático).
61. **Profissão Herdada** (Autoproexologia; Neutro).
62. **Recin Intermissiva** (Pararrecinologia; Homeostático).
63. **Retribuiciologia** (Proexologia; Homeostático).
64. **Senso de Autocontinuidade Multiexistencial** (Seriexologia; Neutro).
65. **Senso Universalista** (Cosmoeticologia; Homeostático).
66. **Tacon** (Interassistenciologia; Neutro).
67. **Tares Expositiva** (Interassistenciologia; Homeostático).

68. **Tempo dos Cursos Intermissivos** (Parapedagogia; Homeostático).
69. **Tirateima do Intermissivista** (Intrafisicologia; Homeostático).
70. **Viragem Intermissiva** (Intermissiologia; Homeostático).

Estes e outros verbetes da Enciclopédia da Conscienciologia estão disponíveis gratuitamente em: www.tertuliaconscienciologia.org

Índice Remissivo

D

E

F

G

H

I

L

M

N

O

P

R

S

T

U

V

W

Z

INSTITUIÇÕES CONSCIENCIOCÊNTRICAS (ICs)

ICs. As Instituições Conscienciocêntricas (ICs) são organizações cujos objetivos, metodologias de trabalho e modelos organizacionais estão fundamentados no *Paradigma Consciencial.* A atividade principal das ICs é apoiar a evolução das consciências através da *tarefa do esclarecimento* pautada pelas *verdades relativas de ponta,* encontradas nas pesquisas no campo da Ciência Conscienciologia e especialidades.

Voluntariado. Todas as Instituições Conscienciocêntricas são associações independentes, de caráter privado, sem fins de lucro e mantidas predominantemente pelo trabalho voluntário de professores, pesquisadores, administradores e profissionais de diversas áreas.

CCCI. O conjunto das Instituições Conscienciocêntricas e dos voluntários da Conscienciologia no planeta compõe a *Comunidade Conscienciológica Cosmoética Internacional* (CCCI) formada atualmente por 23 ICs, incluindo a *Associação Internacional Editares.*

AIEC – Associação Internacional para Expansão da Conscienciologia

Fundação: 22/04/2005
Sede: Av. Felipe Wandscheer, 6.200, sala 111, Cognópolis
Foz do Iguaçu, Paraná, Brasil, CEP: 85856-530
Tel.: +55 (45) 2102-1411
Site: www.worldaiec.org
Contato: aiec.comunicacao@gmail.com
Campus Discernimentum: Av. Felipe Wandscheer, 6.200, sala 201
Cognópolis, Foz do Iguaçu, Paraná, Brasil, CEP: 85856-530
Tel.: +55 (45) 2102-1400
Contato: contato@discernimentum.org

APEX – Associação Internacional da Programação Existencial

Fundação: 20/02/2007
Sede: Rua da Cosmoética, 1.635, Cognópolis, Caixa Postal 921, Centro
Foz do Iguaçu, Paraná, Brasil, CEP: 85853-755
Tel.: +55 (45) 3525-2652 – Fax: +55 (45) 3525-5511
Site: www.apexinternacional.org
Contato: contato@apexinternacional.org

ARACÊ – ASSOCIAÇÃO INTERNACIONAL PARA EVOLUÇÃO DA CONSCIÊNCIA

Fundação: 14/04/2001
***Campus* ARACÊ:** Rota do Conhecimento, Km 7, acesso pela BR-262
Km 87, Distrito de Aracê, Domingos Martins, Espírito Santo, Brasil
Endereço para correspondência: Caixa Postal 110, Pedra Azul
Domingos Martins, Espírito Santo, Brasil, CEP: 29278-000
Tel.: +55 (27) 9739-2400
Site: www.arace.org
Contato: associacao@arace.org

ASSINVÉXIS – ASSOCIAÇÃO INTERNACIONAL DE INVERSÃO EXISTENCIAL

Fundação: 22/07/2004
***Campus* de Invexologia:** Av. Maria Bubiak, 1.100, Cognópolis
Foz do Iguaçu, Paraná, Brasil, CEP: 85853-728
Tel.: +55 (45) 3525-0913
Site: www.assinvexis.org
Contato: contato@assinvexis.org

ASSIPEC – ASSOCIAÇÃO INTERNACIONAL DE PESQUISAS DA CONSCIENCIOLOGIA

Fundação: IC apresentada oficialmente na Tertúlia Conscienciológica do dia 14/08/2011
Sede: Rua XV de Novembro, 1.681, Vila Municipal
Jundiaí, São Paulo, Brasil, CEP: 13201-006
Tel.: +55 (11) 4521-8541
Site: www.assipec.org
Contato: assipec@assipec.org

ASSIPI – ASSOCIAÇÃO INTERNACIONAL DE PARAPSIQUISMO INTERASSISTENCIAL

Fundação: 29/12/2011
Sede: Av. Felipe Wandscheer, 6.200, sala 212, Cognópolis
Foz do Iguaçu, Paraná, Brasil, CEP: 85856-530
Tel.: +55 (11) 2102-1421 – VOIP: +55 (45) 4053-9818
Site: www.assipi.org
Contato: assipi@assipi.com

CEAEC – ASSOCIAÇÃO INTERNACIONAL DO CENTRO DE ALTOS ESTUDOS DA CONSCIENCIOLOGIA

Fundação: 15/07/1995
Sede: Rua da Cosmoética, 1.635, Cognópolis, Caixa Postal 921, Centro
Foz do Iguaçu, Paraná, Brasil, CEP: 85853-755

Tel.: +55 (45) 3525-2652 – Fax:+55 (45) 3525-5511
Site: www.ceaec.org
Contato: ceaec@ceaec.org

COMUNICONS – Associação Internacional de Comunicação Conscienciológica

Fundação: 24/07/2005
Sede: Av. Felipe Wandscheer, 6.200, sala 206, Cognópolis
Foz do Iguaçu, Paraná, Brasil, CEP: 85856-530
Tel.: +55 (45) 2102-1409
Site: www.comunicons.org.br
Contato: comunicons@comunicons.org

CONSCIUS – Associação Internacional de Conscienciometria Interassistencial

Fundação: 24/02/2006
Sede: Av. Felipe Wandscheer, 6.200, casa 352, Cognópolis
Foz do Iguaçu, Paraná, Brasil, CEP: 85856-530
Tel.: +55 (45) 2102-1460
Site: www.conscius.org.br
Contato: conscius@conscius.org.br

CONSECUTIVUS – Associação Internacional de Pesquisas Seriexológicas e Holobiográficas

Fundação: 14/12/2014
Sede: Av. Felipe Wandscheer, 6.200, Casa 351, Cognópolis
Foz do Iguaçu, Paraná, Brasil, CEP: 85851-579
Tel.: +55 (45) 9807-1320
Site: www.consecutivus.com.br
Contato: consecutivus@consecutivus.com.br

COSMOETHOS – Associação Internacional de Cosmoeticologia

Fundação: 03/10/2015
Sede: Av. Felipe Wandscheer, 6.200, Sala 104, *Cosmoethicarium* Cognópolis
Foz do Iguaçu, Paraná, Brasil, CEP: 85856-530
Tel.: +55 (45) 99129-4122
Site: www.cosmoethos.org.br
Contato: contato@cosmoethos.com.br

ECTOLAB – Associação Internacional de Pesquisa Laboratorial em Ectoplasmia e Paracirurgia

Fundação: 14/07/2013
Sede: Avenida Felipe Wandscheer, 6.200, sala 105, Cognópolis
Foz do Iguaçu, PR, Brasil, CEP: 85856-630
Telefone: +55 (45) 2102-1427
Site: www.ectolab.org
Contato: ectolab@ectolab.org

EDITARES – Associação Internacional Editares

Fundação: 23/10/2004
Sede: Av. Felipe Wandscheer, 6.200, sala 107, Cognópolis
Foz do Iguaçu, Paraná, Brasil, CEP: 85856-530
Tel.: +55 (45) 2102-1407 – VOIP: +55 (45) 4053-953
Site: www.editares.org.br
Shopcons: www.shopcons.com.br (portal de compra de livros)
Contato: editares@editares.org

ENCYCLOSSAPIENS – Associação Internacional de Enciclopediologia Conscienciológica

Fundação: 21/12/2013
Sede: Rua da Cosmoética, 1.635, Cognópolis
Foz do Iguaçu, Paraná, Brasil, CEP: 85853-755, Caixa Postal 921
Tel.: +55 (45) 3525-2652 – Fax: +55 (45) 3525-5511
Site: www.encyclossapiens.org
Contato: contato@encyclossapiens.org

EVOLUCIN – Associação Internacional de Conscienciologia para Infância

Fundação: 09/07/2006
Sede: Av. Felipe Wandscheer, 6.200, sala 102, Cognópolis
Foz do Iguaçu, Paraná, Brasil, CEP: 85856-530
Tel.: +55 (45) 9909-6129
Site: www.evolucin.org
Contato: evolucin@gmail.com

IIPC – Instituto Internacional de Projeciologia e Conscienciologia

Fundação: 16/01/1988
Sede: Av. Felipe Wandscheer, 6.200, sala 103, Cognópolis
Foz do Iguaçu, Paraná, Brasil, CEP: 85856-530

Tel.: +55 (45) 2102-1448
Site: www.iipc.org.br
Contato: iipc@iipc.org.br
***Campus* de Pesquisas IIPC:** Estrada do Universalismo, 1.177
Sampaio Correa, Saquarema, Rio de Janeiro, Brasil
CEP: 28997-970
Tel.: +55 (22) 2654-1186
Contato: campussaquarema@iipc.org

INTERCAMPI – Associação Internacional dos *Campi* de Pesquisas da Conscienciologia
Fundação: 23/07/2005
Sede: Av. Antonio Basílio, 3006, sala 602, Lagoa Nova
Natal, Rio Grande do Norte, CEP: 59056-005
Tel.: +55 (84) 3211-3126
Site: www.intercampi.org
Contato: intercampi@intercampi.org

INTERPARES – Associação Internacional de Aportes Interassistenciais
Fundação: 15/05/2016
Sede: Rua da Cosmoética, 1635, sala 11, Cognópolis
Foz do Iguaçu, Paraná, Brasil, CEP: 85853-755
Tel.: +55 (45) 3525-2652
Site: www.interpares.org.br
Contato: aslascani@yahoo.com.br

JURISCONS – Associação Internacional de Paradireitologia
Fundação: 25/04/2015
Sede: Av. Felipe Wandscheer, 6.200, sala 350 A, Cognópolis
Foz do Iguaçu, Paraná, Brasil, CEP: 85856-530
Site: www.juriscons.org
Contato: juriscons@juriscons.org

OIC – Organização Internacional de Conscienciioterapia
Fundação: 06/09/2003
***Campus* OIC:** Av. Felipe Wandscheer, 5.935, Cognópolis
Foz do Iguaçu, Paraná, Brasil, CEP: 85856-530
Tel.: +55 (45) 3025-1404 / 2102-1402
Site: www.oic.org.br
Contato: aco@oic.org.br

ORTHOCOGNITIVUS – ASSOCIAÇÃO INTERNACIONAL PARA IMPLANTAÇÃO DA COGNÓPOLIS EM SC

Fundação: 18/05/2018
Sede: Av. Mal. Castelo Branco, 65, Sala 1111, Torre II, Campinas, São José, Santa Catarina, Brasil, CEP: 88101-020
Tel.: +55 (48) 99845-9931
Site: www.cognopolis-sc.org
Contato: contato@cognopolis-sc.org

REAPRENDENTIA – ASSOCIAÇÃO INTERNACIONAL DE PARAPEDAGOGIA E REEDUCAÇÃO CONSCIENCIAL

Fundação: 21/10/2007
Sede: Av. Felipe Wandscheer, 6.560, Cognópolis
Foz do Iguaçu, Paraná, Brasil, CEP: 85856-530
Site: www.reaprendentia.org
Contato: contato@reaprendentia.org.br

IC TENEPES – ASSOCIAÇÃO INTERNACIONAL DE TENEPESSOLOGIA

Fundação: 11/06/2016
Sede: Felipe Wandscheer 6.200, Sala 205, Cognópolis
Foz do Iguaçu, Paraná, Brasil, CEP: 85856-530
Tel.: +55 (45) 9131-2855
Site: **www.ictenepes.org**

UNICIN – UNIÃO DAS INSTITUIÇÕES CONSCIENCIOCÊNTRICAS INTERNACIONAIS

Fundação: 22/01/2005
Sede: Av. Felipe Wandscheer, 6.200, sala 105, Cognópolis
Foz do Iguaçu, Paraná, Brasil, CEP: 85856-530
Tel.: +55 (45) 2102-1405
Site: www.unicin.org
Contato: unicin@unicin.org

UNIESCON – UNIÃO INTERNACIONAL DE ESCRITORES DA CONSCIENCIOLOGIA

Fundação: 23/11/2008
Sede: Rua da Cosmoética, 1.635, Cognópolis
Foz do Iguaçu, Paraná, Brasil, CEP: 85853-755
Tel.: +55 (45) 3525-2652 – Fax:+55 (45) 3525-5511
Site: www.uniescon.org
Contato: uniescon.ccci@gmail.com

TÍTULOS PUBLICADOS PELA EDITARES

AUTOR	*TÍTULO*
Adriana Kauati	SÍNDROME DO IMPOSTOR
Adriana Lopes	SENSOS EVOLUTIVOS E CONTRASSENSOS REGRESSIVOS
Alessandra Nascimento / Felix Wong (Orgs.)	CONSCIENCIOLOGIA É NOTÍCIA – PROJECIOLOGIA
Alexandre Nonato	JK E OS BASTIDORES DA CONSTRUÇÃO DE BRASÍLIA
Alexandre Nonato *et. al.*	ACOPLAMENTO ENERGÉTICO
Alexandre Nonato *et. al.*	INVERSÃO EXISTENCIAL
Alexandre Zaslavsky (editor).	INTERPARADIGMAS N.1 – Princípio da Descrença INTERPARADIGMAS N.2 – Parapercepciologia INTERPARADIGMAS N.3 – Pesquisa da Autoconsciência
Aline Niemeyer	MEGAPENSENES TRIVOCABULARES DA INTERASSISTENCIALIDADE
Aline Niemeyer / Lilian Zolet	TÉCNICAS BIOENERGÉTICAS PARA CRIANÇAS
Almir Justi, Amin Lascani e Dayane Rossa	COMPETÊNCIAS PARAPSÍQUICAS
Alzemiro Rufino de Matos	VIDA: OPORTUNIDADE DE APRENDER
Alzira Gesing	INTENÇÃO
Ana Luiza Rezende (*et al*)	MANUAL DO ECP2
Ana Seno	COMUNICAÇÃO EVOLUTIVA
Anália Rosário Lopes / Myriam Sanchez / Rita Sawaya	DICIONÁRIO DE TECAS DA HOLOTECOLOGIA
Antonio Pitaguari / Marina Thomaz	REDAÇÃO E ESTILÍSTICA CONSCIENCIOLÓGICA
Arlindo Alcadipani	ITINERÁRIO EVOLUTIVO DE UM RECICLANTE
Bárbara Ceotto	DIÁRIO DE AUTOCURA
Caio Polizel (Org.)	DIRETRIZES DA AUTOGESTÃO EXISTENCIAL
Cesar Machado	ANTIVITIMIZAÇÃO PROATIVIDADE EVOLUTIVA
Cesar Machado / Stéfani Sabetzki	HUMANIZAÇÃO PARAPSÍQUICA NA UTI
Cirleine Couto	CONTRAPONTOS DO PARAPSIQUISMO INTELIGÊNCIA EVOLUTIVA COTIDIANA
Dalva Morem	SEMPRE É TEMPO
Dayane Rossa	OPORTUNIDADE DE VIVER
Débora Klippel	O PEQUENO PESQUISADOR: MULTIDIMENSIONALIDADE
Dulce Daou	AUTOCONSCIÊNCIA E MULTIDIMENSIONALIDADE VONTADE: CONSCIÊNCIA INTEIRA
Eduardo Martins	HIGIENE CONSCIENCIAL
Eliana Manfroi	ANTIDESPERDÍCIO CONSCIENCIAL
Fernando R. Sivelli / Marineide C. Gregório	AUTOEXPERIMENTOGRAFIA PROJECIOLÓGICA

Flavia Rogick	MUDAR OU MUDAR
	CONSCIÊNCIA CENTRADA NA ASSISTÊNCIA
Flavio Amado	TEÁTICAS DA TENEPES
Flávio Buononato	ANUÁRIO DA CONSCIENCIOLOGIA 2012
	ANUÁRIO DA CONSCIENCIOLOGIA 2013
	FATOS E PARAFATOS DA COGNÓPOLIS FOZ DO IGUAÇU
Flávio Monteiro e Pedro Marcelino	CONS – COMPREENDENDO NOSSA EVOLUÇÃO
Graça Razera	HIPERATIVIDADE EFICAZ
Guilherme Kunz	MANUAL DO MATERPENSENE
Isabel Manfroi	O EMPREENDEDORISMO REURBANIZADOR DE HÉRCULES GALLÓ E WALDO VIEIRA
Jacqueline Nahas / Pedro Fernandes	*HOMO LEXICOGRAPHUS*
Jayme Pereira	BÁRBARAH VAI À ESTRELA
	PRINCÍPIOS DO ESTADO MUNDIAL COSMOÉTICO
João Aurélio / Kátia Arakaki	COGNÓPOLIS FOZ: UM LUGAR PARA SE VIVER
João Paulo Costa / Dayane Rossa	MANUAL DA CONSCIN-COBAIA
João Ricardo Schneider	HISTÓRIA DO PARAPSIQUISMO
Jovilde Montagna	VIVÊNCIAS PARAPSÍQUICAS DE UMA PEDIATRA
Julieta Mendonça	MANUAL DO TEXTO DISSERTATIVO
Julio Almeida	QUALIFICAÇÃO AUTORAL
	QUALIFICAÇÕES DA CONSCIÊNCIA
Kátia Arakaki	ANTIBAGULHISMO ENERGÉTICO – MANUAL
	AUTOFIEX: TEÁTICA DO OFIEXISTA WALDO VIEIRA
	VIAGENS INTERNACIONAIS
Laura Sánchez	LASTANOSA: MEMÓRIA E HISTÓRIA DO INTELECTUAL E HOLOTECÁRIO DO SÉCULO XVII
Lilian Zolet	PARAPSIQUISMO NA INFÂNCIA
Lilian Zolet / Flávio Buononato	MANUAL DO *ACOPLAMENTARIUM*
Lilian Zolet / Guilherme Kunz	*ACOPLAMENTARIUM:* PRIMEIRA DÉCADA
Lourdes Pinheiro / Felipe Araújo	DICIONÁRIO DE VERBOS CONJUGADOS DA LÍNGUA PORTUGUESA
Luciana Lavôr (Org.)	I NOITE DE GALA MNEMÔNICA
Luciano Vicenzi	CORAGEM PARA EVOLUIR
Lucy Lutfi	VOLTEI PARA CONTAR
Luiz Bonassi	PARADOXOS
Mabel Teles	PROFILAXIA DAS MANIPULAÇÕES CONSCIENCIAIS
	ZÉFIRO
Málu Balona	AUTOCURA ATRAVÉS DA RECONCILIAÇÃO
	SÍNDROME DO ESTRANGEIRO
Marcelo da Luz	ONDE A RELIGIÃO TERMINA?
Maria Helena Lagrota	MINHAS QUATRO ESTAÇÕES
Maria Thereza Lacerda	A PEDRA DO CAMINHO
Marilza de Andrade	PROJEÇÕES ASSISTENCIAIS

Marina Thomaz / Antonio Pitaguari (Orgs.)	TENEPES: ASSISTÊNCIA INTERDIMENSIONAL LÚCIDA
Marta Ramiro	MANUAL DA TÉCNICA DA RECÉXIS
Maximiliano Haymann	PRESCRIÇÕES PARA O AUTODESASSÉDIO
	SÍNDROME DO OSTRACISMO
Miguel Cirera	*EVOLUCIÓN DE LA INTELIGENCIA PARAPSÍQUICA*
Moacir Gonçalves / Rosemary Salles	DINÂMICAS PARAPSÍQUICAS
Osmar Ramos Filho	CRISTO ESPERA POR TI (Edição Comentada)
Paulo Mello	EVOLUTIVIDADE PLANEJADA
Phelipe Mansur	EMPREENDEDORISMO EVOLUTIVO
Reinalda Fritzen	CAMINHOS DE AUTOSSUPERAÇÃO
Ricardo Rezende	VOLUNTARIADO CONSCIENCIOLOGICO INTERASSISTENCIAL
Roberto Leimig	VIDAS DE NATURALISTA
Rodrigo Medeiros	CLARIVIDÊNCIA
Rosa Nader	AUTODESREPRESSÃO: REFLEXÕES CONSCIENCIOLÓGICAS
	MANUAL DE VERBETOGRAFIA
Roseli Oliveira	DICIONÁRIO DE EUFEMISMOS DA LÍNGUA PORTUGUESA
Rosemary Salles	CONSCIÊNCIA EM REVOLUÇÃO
	CONCIENCIA EN REVOLUCIÓN
Sandra Tornieri	MAPEAMENTO DA SINALÉTICA ENERGÉTICA PARAPSÍQUICA
Silda Dries	TEORIA E PRÁTICA DA EXPERIÊNCIA FORA DO CORPO
Tathiana Mota	CURSO INTERMISSIVO
Tatiana Lopes	DESENVOLVIMENTO DA PROJETABILIDADE LÚCIDA
Tony Musskopf	AUTENTICIDADE CONSCIENCIAL
Vera Hoffmann	SEM MEDO DA MORTE
Vera Tanuri	PERDÃO
Wagner Alegretti	RETROCOGNIÇÕES
Waldo Vieira	500 VERBETÓGRAFOS DA ENCICLOPÉDIA DA CONSCIENCIOLOGIA
	700 EXPERIMENTOS DA CONSCIENCIOLOGIA
	DICIONÁRIO DE ARGUMENTOS DA CONSCIENCIOLOGIA
	DICIONÁRIO DE NEOLOGISMOS DA CONSCIENCIOLOGIA
	ENCICLOPÉDIA DA CONSCIENCIOLOGIA
	HOMO SAPIENS PACIFICUS
	HOMO SAPIENS REURBANISATUS
	LÉXICO DE ORTOPENSATAS
	MANUAL DA DUPLA EVOLUTIVA
	MANUAL DA PROÉXIS
	MANUAL DA TENEPES
	MANUAL DOS MEGAPENSENES TRIVOCABULARES
	NOSSA EVOLUÇÃO
	O QUE É A CONSCIENCIOLOGIA
	PROJECIOLOGIA
	PROJEÇÕES DA CONSCIÊNCIA

1. ÁREA DE PESQUISA:
ESTE LIVRO PESQUISA TEMAS DA *INTERMISSIOLOGIA*, ESPECIALIDADE DA CONSCIENCIOLOGIA.

2. PRINCÍPIO DA DESCRENÇA:
NÃO ACREDITE EM NADA, NEM MESMO NAS INFORMAÇÕES EXPOSTAS NESTE LIVRO. O INTELIGENTE É FAZER PESQUISAS PESSOAIS SOBRE O TEMA.

www.ingramcontent.com/pod-product-compliance
Lightning Source LLC
LaVergne TN
LVHW101914220826
846093LV00008B/246

9788584770953